재미있고 읽기 쉬운 사례 중심의

베스트셀러 **책쓰기 기술**

지식창업시리즈 2

재미있고 읽기 쉬운 사례 중심의
베스트셀러 **책쓰기 기술**

권영석 지음

40여년 이상 작가의 꿈을 품어왔다. 여러 번 꿈을 시도했다가 포기도 여러 번 했다. 포기가 아니라 보류였다. 직장 생활을 하면서 스트레스를 받을 때마다, 열등감으로 자신에게 깊은 상처를 주고 싶을 때마다, 매주 월요일 팀장 미팅에서 욕설을 퍼붓는 상사로부터 심한 모멸감을 느낄 때마다, 밤늦게 답이 없는 보고서를 끝내고 전철이 끊겨 집근처에서 택시기사가 내리라고 깨울 때마다, 출근길 잠이 덜 깬 눈으로 차가운 새벽 별들이 사라졌다가 다시 노랗게 반짝이는 것을 볼 때마다 언듯언듯 작가의 꿈이 깨어났다. 그때마다 꿈과 좌절과 상처받은 자존감이 뒤범벅이 되어 힘들고 회복하기 어려운 날들을 보냈다.

50대 중반이 되었다. 직장 동료들은 대부분 퇴직하고 전원주택을 구해 작은 텃밭을 가꾸며 사이클링이나 등산을 하거나 직장생활로부터 벗어난 생활을 하고 있다. 하지만 나는 6년 동안 3천권 이상의 책을 읽으며 학교에서 강의와 책쓰기를 이어갔다. 잠을 줄여가며 작성한 A4 160 페이지 원고를 30여개 출판사에 보냈다. 한곳에서도 답이 오지 않았다. 참담했다.

이젠 포기가 답이 아닐까? 이제 그만해도 되지 않을까? 작가가되어도 유명하거나 부자가 되지 않는데 이젠 헛된 꿈을 깔끔하게 지워버리는 것이 낫지 않을까? 내 인생에 작가란 이름은 어울리지 않는데 왜 그렇게 한풀이라도 하려는 듯이 매달리는가? 그만 끝내자!

하지만 무언가 계속 아쉽고 안타까웠다. 그냥 이대로 끝내기에는 무언가 두렵고 불안했다. 도저히 참을 수 없었다. 그것은 돈으로도, 행복으로도, 쾌락이나 그 어떤 즐거움으로도 해결되지 않는 그 무엇이었다.

단순히 이상, 꿈, 욕망, 목표, 소명의식이라고 부르기에는 무언가 아쉽고 석연치 않았다. 표현할 수 없지만 끊임없이 남아 나를 괴롭히고 있는 것, 도대체 이것이 무엇일까? 도저히 그것 때문에 포기할 수 없었다.

한 달이 지나고 메일이 왔다. 책쓰기 기법을 가르치는 곳이었다. 출판사에서 이메일 주소를 넘겨준 모양이다. 20대부터 40대까지 글쓰기 강좌를 숱하게 수강했다. 하지만 결과는 늘 같았다. 미련을 버리지 못하고 전화를 했다. 수강료가 고가였다. 너무나 큰 금액이었다. 돈은 언젠가는 사라진다. 하지만 기술은 남는다. 죽기 전까지 활용할 수 있다. 자신의 꿈을 펼쳐가며 희망과 즐거움, 열정과 어쩌면 명예도 누릴 수 있다. 4개월간 책을 쓰기로 결심하고 꿈을 꾸는 육체에 마지막 오기와 열정을 퍼부었다.

《4차 산업혁명시대 지식창업을 하라》는 출간까지 9개월이 걸렸다. 초고완성은 3개월이 걸렸다. 원고를 보내고 7개의 출판사에서 연락이 왔다. 마침내 전국의 대형서점 판매대에 내 책이 진열되었다. 본 저서의 초고완성도 3개월이 걸렸다. 출판까지 6개월이 소요됐다.

생각건대 책쓰기는 기술과 열정이다. 나는 그 기술을 체계적으로 만들고 터득했다. 이 책은 《4차 산업혁명시대 지식창업을 하라》를 쓸 때부터 구상했다. 1년을 구상하고 수십 권의 관련도서 연구와 경험에서 나온 아이디어를 접목한 책이다. 지금 이 책을 쓰는 순간에도 다음 책을 구상중이다. 이미 책쓰기 기술로 단련된 탓이다.

고가의 책쓰기 수강은 투자한 만큼 제 역할을 하지 못했다. 더 많은 정보나 도움을 얻으려 하면 추가 투자가 필요했다. 물론 방향을 잡아주거나 길잡이를 해준 것은 도움이 되었다. 하지만 광고나 홍보만큼 그렇게 기대에 부응하지 못했다. 그런 점이 안타까웠다. 그런 아쉬움 때문에 이 책을 쓰게 되었다. 경험자로서 장담건대 이 한 권의 책은 활용방법만 터득하면 고가의 수강보다도 훨씬 많은 도움을 줄 것이다.

이 책은 책 제목과 장목차, 소목차를 설정하는 기술과 서론, 본론, 결론을 쓸 때 요구되는 매력적인 기법을 담았다. 출판기획과 주의해야할 계약기술도 포함 시켰다. 또한 베스트셀러를 쓰는데 필요한 핵심적인 기술과 스테디셀러를 만들어 평생직장을 만들 수 있는 마케팅 비법도 포함시켰다.

이 분야에 유명한 코치들로부터 경험한 기술과 수백 권의 책을 연구하여 체계적인 〈책쓰기 모델〉을 만들었다. 핵심모델은 경영학에서 많이 활용하는 STP기술이다.

일부 책쓰기 관련 도서들은 엄청난 효과나 산발적인 기술만 언급해 놓거나 너무 복잡하고 어렵게 기술해 놓았다. 하지만 이 책은 그러한 기술을 체계적으로 알기 쉽게, 사례중심으로 이해하기 쉽게, 필요한 기술을 활용하기 쉽게 모델화하여 기술하였다.

오랫동안 작가의 꿈을 품고 끙끙 앓고 있는 이들에게 도움을 주고 싶어 이 책을 썼다. 그들에게 이 책을 강력하게 권하고 싶다.

2018년 가을 저자 권영석

[인간의 꿈]

우리는 아무도 자기 자신을 모른다.
누구나 다 동일해 보인다.
모두 태생적인 원자의 본능을 꿈꾼다.

하지만 우리 모두는 각자 꿈을 가지고 있다.
그래서 '나'는 꿈을 꾼다.
지구상의 수많은 우리 사촌들이
제각기 다른 꿈을 꾸는 것처럼.

새들은 날개의 신화를 만들고
코끼리는 코의 신화를 만들고
고래는 별을 이해하는 신화를 만들고
인간은 상상의 신화를 만들었다.

아무도 자기 자신을 모른다.
나의 '꿈'을 찾기 전까지는.
철 따라 이동하는 기러기들이
하늘을 나는 것이 꿈이었던 것을 모르는 것처럼.

꿈이 형상으로 실현될 때까지
오늘도 나는 '인간의 꿈'을 꾼다.

CONTENTS

목차

01

베스트셀러에는 'STP'의 비밀이 있다

선생님께

안녕하십니까?

저희 출판사를 믿고 귀한 원고를 보내주신 데 대하여 다시 한 번 감사의 말씀을 드립니다. 저희 회사에서는 선생님이 주신 원고를 읽고 다방면의 가능성을 검토하였습니다.

그러나 결정적으로 이 분야에 대한 저희의 노하우와 경험이 부족한 탓에 책을 기대하시는 만큼 충실하게 출간할 수 있을지 염려가 됩니다.

따라서, 저희가 출판하기에는 어렵다는 결론을 내리고 연락을 드리게 되었으니 부디 너그럽게 양해해 주시기 바랍니다. 내부적으로 여러 번 원고를 검토하면서 고심 끝에 돌려드리는 것이라 답변 또한 빨리 드리지 못하여 더욱 죄송합니다.

이번에는 비록 기회가 닿지 않았으나, 이 원고가 저희보다 더 잘 맞는 출판사를 만나 독자들에게 널리 사랑받는 좋은 책으로 나오기를 진심으로 기원합니다.

이 원고가 아니더라도 앞으로 선생님과 더불어 다른 원고를 기획할 기회는 또 있을 것이라 사료됩니다. 계속적인 관심과 연락을 부탁드립니다.

편집부 올림

01 소년의 꿈

인터넷을 검색하여 30여 개의 출판사 전화번호를 찾아냈다. 하지만 원고를 보낸 후 대부분의 출판사로부터 거절 답변을 받았다.

작가가 되고자 했던 사람들은 대다수 이러한 기억을 가지고 있다. 소년은 18살 때부터 40년을 작가가 되고자 하였다. 집도 가난하여 대학은 일찌감치 포기했다. 독학으로 작가가 되겠다고 결심했다. 그것은 학력이 필요 없다. 독학으로 노벨문학상을 받은 헤르만 헤세를 존경했다. 특히 운명처럼, 소년이 태어난 해에 그는 이 세상을 떠났다. 그는 14살에 실업학교에 입학했다. 소년도 14살에 기술학교에 입학했다. 중학교 졸업 학력 인정은 안됐지만 등록금이 쌌다. 소년은 소중한 젊은 날들을 산동네 판자촌 골방에서 시와 단편 소설들을 밤새도록 쓰며 보냈다.

16살 헤르만 헤세는 신학교에 입학했지만 곧 뛰쳐나왔다. 18살에 기술을 배우기 위해 페로의 탑시계 공장에 기계공으로 취직하였으나 그만두었다. 소년은 18살에 봉제공장에 취직을 했고 재단사의 꿈을 꾸었다. 하지만 생산부에서 프레스를 밟으며 똑딱단추를 달거나 무거운 원단과 포장된 가죽잠바들을 날랐다. 재단사를 꿈꾸던 소년은 20살에 프레스 사고를 당해 봉제공장을 그만두었다.

간절하게 꿈꾸었던 재단사의 꿈은 작가의 꿈으로 바뀌었다. 검정고시에 합격해서 대학에 입학했고 영문학을 전공했다. 재학 시절방학 때마다 소설을 썼다. 원고지 2천 매 이상을 작성하여 보자기로 정성스레 싸서 현대문학에 접수했지만 그때마다 거절당했다. 직장생활을 하면서 계속 글을 썼지만 꿈은 이루어지지 않았다. 매년11월 신춘문예 공모란을 볼 때마다 가슴이 설레었다. 하지만 작가의 꿈은 끝내 이루어지지 않았다.

세월은 흘러 50대 중반이 된 소년은 지난 6년 동안 3천 권 이상의책을 읽었고, 소설과는 장르가 다른 자기계발 분야의 책을 써서 투고했다. 여러 출판사로부터 거절당했다. 책쓰기가 이렇게 어렵다. 소년은 거금을 투자하여 책 쓰기 코칭을 받았다. 너무 거액이어서잠시 망설였지만, 그래도 코칭을 받아보면 여한이 없을 것 같았다.

한번 기술을 익혀두면 평생을 활용할 수도 있었다. 고졸 학력인 22살 여성이 단 4개월 만에 베스트셀러 책을 출간하는 것을 보고 깜짝 놀랐다. 책 쓰기 기술을 알고 싶었다. 책 쓰기는 학력이 필요 없다. 퇴직할 나이가 되었지만 소년은 아직도 꿈을 포기하지 못했다.

책 코칭을 받은 지 한 달 만에 책 제목과 장제목 그리고 소목차까지 마쳤다. 초고를 3개월 반 만에 끝냈다. 코칭을 받고 단 한 달 만에 목차를 완성했다. 40년 동안의 꿈이 3개월 만에 해결되었다. 방법을 찾았고 기술을 터득했다.

책 쓰기를 열망하는 사람이 출판사로부터 계속 거절당했다면, 책 쓰기 코칭을 받아 보라. 소년은 모방송사에서 두 달 동안 하는 글쓰기 아카데미에도 여러 번 참석했고 유명 소설가가 운영하는 소설 창작 프로그램에도 참여했지만 효과가 없었다. 앞서 언급했지만 6년 동안 해당 분야의 강의를 하면서 쓴 책을 30여 개의 출판사에 보냈지만 동일한 대답을 받았다.

책은 독자의 문제를 해결해 줄 수 있는, 독자의 인생을 변화시킬 수 있는, 독자에게 감동을 줄 수 있는 내용을 가지고 있어야 한다. 40년 동안 출판사로부터 계속 거절을 당했던 것도 독자의 입장이 아닌 오로지 자신의 입장에서 글을 써왔기 때문이다. 독자들로부터 읽히는 책을 쓰고 싶다면, 출판사로부터 출간을 원하는 책을 쓰고 싶다면 독자를 위한 글을 써야 한다. 하지만 이러한 글을 못 쓴다고 해도 책을 내고 싶다면 누구든지 책 쓰기 기술을 배우면 잘 쓸 수 있다.

소년의 꿈은 출판사로부터 계속 거절당하거나 작가가 되려는 독자들을 위해, 책쓰기 과정을 신문에 게재하기로 했다. 고액을 지불하고 책쓰기 과정을 마친 후 많은 아쉬움이 남았다. 관련된 서적들을 읽어보아도 책쓰기에 대한 체계적인 정보나 읽기 쉽게 쓴 책들이 부족했다. 그 과정들을 진행하면서 시행착오도 있었지만 방법을 체계화하고 표준화시킨다면 책쓰기가 좀 더 수월하지 않을까 하는 마음이 들었다. 그래서 직접 관련된 책들을 연구하고 책쓰기 과정을 수강했던 내용들을 보완해서 책쓰기 모델을 만들었다. 소년은 책쓰기를 갈망하는 모든 이들에게 베스트셀러 책 쓰기 기술을 알려주고 싶었다.

02 '나'의 스토리를 찾아라

소년은 18살 때부터 작가가 되려고 많은 노력을 했는데도 왜 이루지 못했을까? 수 많은 시와 소설을 써서 수십 번 기고를 했는데 왜 출판사로부터 번번이 거절당했을까? 소년은 50대의 나이에 3천 권 이상의 책을 읽고 6년 동안 몰입해서 야심차게 한 권의 책을 썼다고 자부했는데 이번에도 왜 거절당했을까? 한 권의 책을 쓰는 것이 너무도 어렵고 힘든 이유는 무엇일까? 이유는 여러 가지가 있지만 중요한 실패 이유를 몇 가지 들 수 있다.

첫째, 제일 먼저 자신을 성찰하고 분석해야 한다. 자신의 지식과 경험을 분석하고 자신이 쓰고자 하는 분야에 대한 역량을 검토해야 한다. 제일 먼저 스스로 첫 번째 독자가 되어야 한다. 따라서 책을 쓴다는 것은 일종의 자신에 대한 탐구이며 여행이다. 자신의 인생을 되돌아보면서 책을 쓸 수 있는 주제들을 찾아내야 한다. 자신의 버킷리스트와 경험, 강점, 성공, 행복, 실패, 지식, 기억 등을 분석하여 책의 주제를 찾는다. 경험이 부족해도 자신이 강렬하게 쓰고 싶은 주제가 있다면 관련된 경쟁도서를 철저히 분석해야 한다. 관련 도서를 분석하고 쓰는 과정에서 전문가가 된다.

둘째, 자신의 책을 읽어줄 독자를 정확하게 분석해야 한다. 자신의 고민이나 문제를 똑같이 가지고 있는 독자들의 욕구와 호기심을 분석해야 한다. 그들이 가지고 있는 문제에 대한 해결책, 혹은 그들의 욕구를 분석하고 그것을 해결해 줄 수 있는 정보나 통찰력, 지혜 등을 제시해야 한다. 소년은 책을 쓰면서도 책을 읽어줄 독자를 정확하게 선정하지 않았다.

셋째, 자신이 쓰고자 하는 분야에 대해 잘 팔리고 있는 경쟁 도서를 분석해야 한다. 현재 출판되고 있는 도서의 주제와 목차의 구성, 글의 내용 등을 분석하는 것이 절대 필요하다. 또한 경쟁 도서의 전문지식과 현재의 출판 흐름과 독자의 반응을 분석해야 한다. 즉 온라인 서점에서 판매지수나 독자의 리뷰 등을 검토하고 요구 사항이나 비판을 수용해야 한다.

넷째, 자신이 쓰고자 하는 주제에 대한 현재의 트렌드를 정확히 파악해야 한다. 소년이 6년 동안 써온《신운명창조를 위한 새로운 심리학-스마트 사피엔스》를 출판사에서 거절한 이유는 현재의 트렌드를 제대로 파악하지 못했기 때문이다. 인간의 심리에 대한 현재의 트렌드는, 호기심과 재미를 유발하면서도 일상의 스토리들을 엮어서 독자들의 생활에 실질적인 깨달음과 통찰을 주어야 한다. 이 통찰을 통해서 일상생활이나 인생을 변화하거나 바꿀 수 있는 계기를 그들에게 제공해야 한다. 하지만 소년이 쓴 글은 전문서인지, 대중서인지 명확히 구분되지 않았다.

지금까지 작가 수업을 분석해 보았을 때, 소년은 독자를 생각하지 못하고 오로지 자신을 위해서 써왔다. 프로정신이 아닌 어설픈 아마추어 실력으로 글을 써왔다. 이것이 커다란 실패의 요인이었다. 지금도 소년과 같이 책을 쓰고 있는 예비 작가가 있다면 당장 그만두어라. 그것은 정말 인생에서 소중한 시간낭비다. 그 시간에 오히려 편의점에서 아르바이트를 하는 게 훨씬 낫다. 편의점 아르바이트 경험을 갖고 있다면, 편의점 소설로 유명해진 소설가 무라타 사야카처럼 《편의점 인간》과 같은 훌륭한 소설을 쓸 수도 있다. 다음의 두 가지 사례는 위의 4가지를 모두 충족시킨 훌륭한 예라고 볼 수 있다.

사례 1 : 《아이의 언어능력》의 장재진작가

《아이의 언어능력》의 저자이자 언어치료사인 장재진작가는 자신
만의 스토리를 찾았다. 그녀는 공무원이었다. 첫아이가 10개월이
되었을 때 아이의 귀에 문제가 있다는 것을 알았다. 엄마가 '아빠,
엄마'라는 말을 해도 반응이 없었다. 10개월 정도 된 다른 아이들
은 까르르 웃어대며 작고 귀여운 입술로 엄마 목소리를 흉내 냈다.
처음 아빠, 엄마라는 소리를 들을 때 그 기쁨이란 이루 말할 수 없
다. 그녀는 황급히 아이를 병원에 데리고 갔다. 귀에 문제가 있었
다. 인공와우(달팽이관) 수술을 받고 재활 과정을 거쳤지만 나아지
지 않았다. 아이가 제대로 말을 못 알아들으면 놀림을 받으며 왕따
를 당하기 쉽다. 그로 인해 아이는 커가면서 어둡고 우울한 성격으
로 변한다. 폐쇄적이고 부정적이며 비관적으로 변한다. 젊은 나이
에 자살한 사람이 떠올랐다. 초보 엄마의 경우 아이의 미래에 대한
걱정은 극에 달한다.

언어능력은 단순히 언어뿐만이 아니라 아이의 표현력, 소통과 사
회성, 자존감 등에도 심각한 영향을 미친다. 걱정과 고민이 꼬리를
물자 그녀는 겁이 덜컥 났다. 급한 김에 도움이 될 만한 정보를 찾
기 위해 직장에서나 퇴근 후에나 인터넷을 찾았다. 하지만 정보들
은 신뢰할 수가 없었고 시중에 나와 있는 책들은 읽기가 어려웠다.

그녀는 우선 대학원에서 언어청각재활학부를 공부하기로 했다.

자신이 직접 아이를 치료해 보기로 결심했다. 언어치료에 대하여 믿을만한 교재를 선택했다. 퇴근 후에 피곤한 몸을 이끌고 밤을 새워가며 체계적으로 공부를 시작했다.

인간은 사회적 동물이다. 청각은 교감과 공감의 기본 요소다. 우선 소리를 정확하게 잘 들어야 한다는 것을 전제로 한다. 대략 6500만 년 전 인간이 닷쥐에서 포유동물로 진화할 때 뇌의 가장 큰 영역이 청각이었다. 그 당시 청각이 뇌의 가장 많은 부분을 차지했다. 그만큼 청각은 중요하다. 소리들을 더욱 세분하게 구분하기 위해 달팽이관은 정교하게 진화했다. 부모는 38억년의 단백질 역사를 몸속에 나선형 형태로 완전하게 보존하여 아이에게 물려준다. 따라서 청각의 진화과정도 부모 몸속 DNA에 보존되어 있다. 아이의 달팽이관에 문제가 있다는 것은 청각기관의 DNA를 전달하는 과정에서 부모의 환경이나 섭취 음식 혹은 기타 이유로 변이를 일으킬 수 있다. 여기에 문제가 생기면 엄마는 커다란 자책감을 갖는다.

진화론적 관점에서 볼 때 인간은 청각 때문에 시각과 협력, 소통, 인지능력과 표현이 발달했다. 이것은 궁극적으로 이해력과 상상력, 창의력 등에도 영향을 미친다. 언어의 발달과 활용에도 깊은 관련이 있다. 인간이 피식자에서 포식자로 진화하는데 청각이 중요한 역할을 했다. 앞만 볼 수 있는 시각과 달리 뒤쪽이나 보이지 않는 부분의 움직임은 청각이 포착한다. 인간이 후각이나 촉각보다도 청각을 많이 활용하고 발달된 이유다.

아이가 잘 못 알아듣거나 말을 더듬거나 또래보다 뒤처지거나 제대로 표현을 하지 못하면 부모들은 머릿속이 하얘진다. 특히 첫아이 일 때는 더욱 그렇다. 장재진 작가는 자신이 겪은 걱정과 고통을 알고 있었다. 아이의 난청으로 고통받고 있는 어머니들에게 유용한 정보를 알려주고 싶었다. 아이가 엄마와 교감하여 말을 잘 알아듣고 잘 하도록 하는 책을 쓰기로 결심했다. 아이와 같이 놀아주며 엄마가 직접 진단하고 치료하는 기법들을 이해하기 쉽게 설명했다.

논문에서 읽은 깊이 있는 정보들을 난청이 있는 첫째 아이에게 적용했다. 그녀는 함께 놀아주며 경이롭고 기뻤던 교감의 경험을 쉽게 썼다. 출간하자마자 책은 예스24와 교보문고에서 베스트셀러가 되었다. 아이가 사회에 잘 적응하여 잘 커주기를 바라는 엄마들은 문제가 없어도 언어능력을 키워주는 차원에서 책을 사서 읽는다. 시장의 본질적인 수요가 있었다.

이상민 작가는 장재진작가에게 현재의 직업보다는 자녀와의 경험에 대하여 책을 쓰라고 조언했다. 그녀는 자신의 지식과 경험을 기억하고 메모하고 정리했다. 시중에 나와 있는 경쟁 도서들도 분석했다. 현재 출판된 책들은 전문가들이 쓴 책으로 정보제공 위주로 되어있어 읽기 어렵다는 것을 알았다. 또한 재미도 없으며 호기심을 끌만한 요소들도 없었다. 대다수 책들이 전문적인 정보를 어렵게 나열해 놓은 것에 불과했다. 그녀는 목차를 아주 쉽게 구성했다. 어린 자녀를 가진 일반 주부들을 대상으로 쉽게 스토리 형태로 글을 썼다. 또한 자신이 직접 난청이 있는 아이를 키우면서 겪은 이야기를 재미있는 스토리로 풀어내며 대중성과 상품성이 있는 책으로 엮어냈다. 엄마는 아이가 난청이 없을 때도 제때에 언어능력을 갖기를 원한다. 이것이 부족할 때 아이는 사회 적응에 실패할 수 있다. 이 책을 읽음으로써 일반 주부들조차도 자기 아이의 미숙한 언어능력을 스스로 치료할 수 있다.

*《4차 산업혁명시대 지식창업을 하라》에서 전문을 인용함

사례 2 :《지금 알려줄게요 미국 대학원》의 이민아 작가

고려대 4학년이 되었을 때 이민아 작가는 여느 평범한 대학생처럼 고민에 빠졌다. 취업할 것인가? 대학원에 진학할 것인가? 4학년 2학기까지 결정하지 못했다. 취업한 선배들의 얘기를 들어보면 매일 새벽에 출근해서 밤늦게 퇴근한다. 더 공부하여 교수가 되고자 하는 욕심도 있었다. 미국 유학을 알아보니 석박사 통합과정이 있었다. 4년 만에 박사학위를 취득하는 것이다.

하지만 자신이 없었다. 똑똑하고 열정적인 사람, 영어를 원어민 수준으로 하는 사람, 학업성적이 뛰어난 사람, 경제적으로 여유 있는 사람들만이 유학을 갈 수 있다고 생각했다. 자신은 순수한 국내파에 외국을 다녀온 적이 없었다. 그것도 국내의 인재들과 경쟁하는 것이 아니라 세계적인 수재들과 경쟁해야만 한다. 취업을 할까 고민되었다. 중견기업에 근무하는 선배로부터 추천이 들어왔다. 밤새 자기소개서를 썼다. 그리고 찢어버렸다.

떨어질 땐 떨어지더라도 버클리나 스탠퍼드, MIT, 펜실베이니아, 일리노이 친구들과 한번 겨뤄보고 싶었다. 인생은 딱 한 번이다. 안 하면 평생 후회할 것 같았다. 각국에서 아이비리그에 지원하는 친구들도 그녀와 비슷한 고민을 할 것이라고 생각했다. 투지와 지구력의 싸움이라고 마음먹었다. 딱 1년만 준비하자. 그것도 전액 장학생을 목표로 삼았다. 집에서 유학비를 대줄 리 만무했다. 인터넷을 통해서 경쟁 도서들을 찾아보았다. 서적으로 나온 유학정보는 학교 소개나 학교의 전공별 소개 또는 입학정보를 단순히 나열한 것에 불과했다. 홈페이지에서 일부 내용들만 발췌해서 옮겨놓은 것이나 다름없었다. 학교 지도교수로부터 많은 조언도 받았다.

이미 재학 중인 선배들을 만나보고 고급 정보도 얻었다. 치열하게 준비했다. 지원하고자 하는 대학의 교수들 홈페이지를 분석하고 논문들의 초록을 섭렵했다. 교수들의 연구 성향을 분석하고 자신이 하고 싶은 분야를 정했다. 함께 연구하고 싶은 교수가 명확하게 정해졌다. 10여 개의 대학에 지원했고 인터뷰도 마쳤다. 그녀는 최종 스탠포드대 컴퓨터공학 박사과정에 전액 장학생으로 합격했다. 젊었을 때 1년의 몰입만큼 값진 것은 없다.

이민아 작가는 자신의 1년 과정 스토리를 《지금 알려줄게요 미국 대학원》이라는 책에 담았다. 시행착오 경험과 합격했을 때의 말 할 수 없는 기쁨을 담았다. 그동안 해외 유학에 대한 소중한 정보들은 선배들의 기억과 가슴속에 보관된 보물이었다. 이민아 작가는 그 보물들을 남김없이 꺼내 책에 담았다. 시장 수요가 충분했다. 이 책을 쓰겠다고 했을 때 그녀에게 조언을 해준 지인들은 반대를 많이 했다. 주변에서 배신자라고 놀려댔다. 은밀한 성공의 노하우는 자신들만의 보물창고이기 때문이다.

이 책은 알라딘 서점 취업분야 베스트셀러 4위를 했고 교보문고 청소년 분야 베스트셀러 27위를 달성했다. 현재 그녀는 스탠퍼드 대 컴퓨터학과 박사과정 재학 중이다.

이민아 작가는 자신의 미국 대학원 박사과정 입학에 대한 지식과 경험을 분석하여 책으로 엮었다. 대학에 재학 중인 학생들의 공통 관심사는 공부 혹은 취업에 대한 갈등이다. 자신의 문제를 해결하길 원하는 학생들은 이민아 작가의 책을 읽고 취업이나 유학 준비를 결정한다. 유학을 준비하는 학생들은 많은 도움을 얻을 수 있다. 독자들은 이러한 책을 원한다.

출판사에서 거절당한 소년의 책은 상품성이 없었다. 흥미와 호기심을 불러일으키지도 못했다. 인생 문제에 대해 해결해 줄 수 있는 답은 가지고 있었지만 교과서적인 구성은 독자들의 관심을 끌지 못했다. 일부는 학문적인 자료들과 논문들을 짜깁기해서 자신의 지식 자랑을 일삼았다. 당연히 시장 수요는 없었다. 특히 논문같이 딱딱한 제목은 독자들의 지갑을 여는 데 실패할 수밖에 없다.

반면 2개의 사례는 자신의 지식과 경험을 분석하고 시장 수요 즉 독자들의 욕구와 수요를 찾아냈다. 경쟁 도서들을 철저히 분석해서 부족한 측면들을 보완했다. 또한 주제에 대한 현재 출판계의 트렌드를 분석하여 반영했다.

책 쓰기는 '나'를 찾아 떠나는 여행이다. '나'의 꿈부터 무엇인지 찾아야 한다. 하고 싶은 일이 무엇인지 파악해야 한다. 인생의 꿈을 이루도록 노력하면서 겪어 온 고민과 슬픔, 기쁨, 성공, 행복, 의지와 기술, 지식, 지혜에 대하여 써야 한다.

학교에서 강의하면서 5년 동안 3천여 권의 책을 읽고 한 권의 초고를 힘들게 완성했지만 여러 출판사에서 거절을 당했다. 하지만 책쓰기 과정을 들으면서 대중성과 상품성을 가미했고 자신만의 스토리로 3개월 만에 초고를 완성했다. 이러한 과정을 거쳐서 책 쓰기 대한 방법들을 체계화하고 모델화했다. 누구나 쉽게 따라 할 수 있도록 각 단계별 사례를 만들었다. 앞으로 그 방법들을 쉽게 사례 중심으로 전개해 나가겠다.

03 '나'는 누구인가

약 135억 년 전 빅뱅이라는 사건이 일어나 물질과 에너지 시간과 공간이 존재하게 되었다. 우주에 물리가 탄생했고 우리는 이를 물리학이라 부른다. 물질과 에너지가 등장한 지 30만 년 후에 원자라 불리는 물질의 단위가 생성되었다. 모든 물질의 최소단위인 원자는 +전자와 -전자 그리고 중성자로 이루어졌다.

물질의 근원은 에너지로 이루어졌다. 우리 눈은 거대한 분자 덩어리의 결합물만 볼 수 있도록 고안되었다. 이 결합물은 안정성을 위해 중성자가 되려는 욕구가 있었다. 부족한 +전자와 -전자를 채우려 하면서 원자들이 결합하여 분자를 이루었다. 원자들의 결합 덩어리인 분자들은 서로 결합하여 마침내 더 복잡한 덩어리인 물질을 만들었다. 이 물질은 여전히 불완전성으로 '안정성의 욕구'를 품게 되었다. 그 욕구를 해결하기 위해 **무언가를 지각해야만 했다.** 그것은 '바람' 혹은 꿈으로 나타났고 그 결과 생명이 태어났다.

　우리는 원자, 분자 및 그 상호작용에 관한 이야기를 화학이라고 부른다. '안정성의 욕구'를 위한 결합은 시간이 지날수록 생물이라는 더 큰 통일된 목적성의 결합을 만들어 냈다. 약 38억 년 전 지구라는 행성에 모종의 분자들이 결합해 특별히 크고 복잡한 구조를 만들었다. 생물이 탄생했다. 우리는 이 생물에 대한 이야기를 생물학이라 부른다. 마침내 세포와 세포들이 결합을 하고 그 결합은 생존을 위한 방향으로 더 큰 결합을 이루었다. 우리는 그것을 진화라 부른다. '안정성 욕구'의 결과물인 진화는 결합이 더 커갈수록 더 큰 욕구를 품게 되었다. 그것은 각자 나름대로의 꿈이 되었다. 그 꿈이 실현되기 시작했다.

　새는 하늘을 날 수 있는 날개의 신화를 만들고 물고기는 바닷속에서 헤엄칠 수 있는 지느러미의 신화를 만들고 고래는 자기장의 방향을 탐지하는 신화를 만들고 코끼리는 긴팔처럼 활용할 수 있는 코의 신화를 만들고 인간은 상상(뇌)의 신화를 만들었다.

　약 7만 년 전 호모 사피엔스 종에 속하는 생명체가 좀 더 정교한 구조를 만들기 시작했다. 진화한 척추 끝에서 수백만 년 동안 뇌가 자라기 시작했다. 영장류는 이 뇌를 3층 구조까지 미로처럼 복잡하게 키우기 시작했다. 파충류 때 진화한, 척추뼈 위에 붙은 1층 뇌는 원시적인 뇌로 호흡, 심장박동, 체온 유지, 소화, 위장, 장기 등 육체와 관련된 생명유지를 관리했다. 포유류 때 진화한 2층 뇌는 공포, 두려움, 기쁨, 쾌락, 슬픔 등 감정의 행동을 진화시켰다. 영장류 때 진화한 3층 뇌는 감정보다 훨씬 복잡한 생각, 전략, 계획, 목표, 판단, 창조, 상상 등 세련된 감정들을 진화시켰다. 더 복잡해진 생태계의 생존 때문이었다. 이들은 생존경쟁에 유리한 꿈을 꾸었다.

5억 년 전쯤 바다 속에서 이리저리 도망쳐 다니는 물고기가 있었다. 3억천만 년 전쯤 파충류인 도마뱀의 모습이 보였다. 1억 5백만 년 전쯤 공룡들을 피해 작은 곤충을 잡아먹고 사는 긴 주둥이의 닷쥐가 있었다. 6천3백만 년 전쯤에는 나무 위에서 열매를 따먹으며 사는 여우원숭이의 모습이 보였다. 2천5백만 년 전쯤 긴 꼬리가 있는 원숭이 모습과 닮았으며, 600만 년 전쯤 현대의 침팬지를 닮은 모습이 보였다. 그리고 500만 년 전쯤 두발로 걷는 유인원(오스트랄로피테쿠스)이 있었으며, 백만 년 전쯤에는 어설프게 불과 돌도끼를 사용하는 호모에렉투스가 있었다. 15만 년 전쯤에는 1400cc의 뇌를 가진 인간의 모습인 호모 사피엔스가 있었다. 3만 년 전쯤에는 동굴 벽에 손바닥 도장을 찍고 벽화를 그린 호모 사피엔스 사피엔스가 있었다. 마침내 현대인의 모습과 동일한 뇌를 가진 인간의 모습이 나타났다.

우리는 앞장에서 38억년 동안의 수많은 우리 할아버지와 할머니들을 만나봤다. 그들은 처음부터 전혀 인간의 모습은 아니었다. 수억 세대를 거쳐서 조금씩 진화하여 현대의 모습 즉 호모 사피엔스 사피엔스가 되었다. 위대한 우연의 여정이다. 리처드 도킨스가 말한 '눈먼 시계공'이다.

수많은 분자 덩어리의 결합으로 만들어진 여러 욕구들 중에 가장 강한 하나가 마침내 뇌의 한쪽 구석에서 돌연변이처럼 출현했다. 그것을 '나'라고 불렀다. 우리는 '나'에게 '주체'라는 온갖 권리를 부여했다. 이러한 '나'는 무리를 짓고 협업하여 언어를 만들고 생각과 생활을 기록했다. 우리는 이 종이 만든 흔적을 문화라 부른다. 여기에 연도를 부여하기 시작했다. 우리는 이것을 역사라 부른다.

인류 개개인 모두가 이러한 역사를 가지고 있다. 인류는 각자 단한 번 밖에 살 수 없는 자연의 소중한 시도이다. 그들 스스로를 자연이 딱 단 한 번만 선택한, 자연 스스로뿐만 아니라 개별적인 그 자신들을 위한 단 한 번의 중요한 실험이다. 자연은 인간들을 그의 중요한 기술인 유전자 정보를 활용하여 만들어 낸다. 따라서 한 사람, 한 사람의 이야기는 중요하고 신성하며 동시에 한편의 신화이다. 우연이기 때문에 더 소중한 것이다.

우리가 아는 한, 순수한 과학적 관점에서 볼 때, 인간의 삶은 절대 아무런 의미가 없다. 인류는 목적이나 의미 같은 것 없이 진행되는 우연하고도 눈먼(캄캄한 어둠을 더듬어 길을 찾은) 진화 과정의 산물이다. 우리의 행동은 신성한 우주 계획의 일부도 아니다. 우리는 오로지 +전자와 -전자의 '안정성을 위한 원자의 욕구', 단지 그 꿈의 산물이다.

60조개 세포들의 결합을 '나'라는 주체로 인식하고 '나'를 표현하고 '나'를 이야기하고 '나'를 이해하려 하기 시작한 것은 몇 만 년도 되지 않는다. '나'는 60조 개의 세포들을 대표해서 통합적인 '안정성 욕구'를 가지게 되었다.

나는 누구인가 - 인간의 꿈

38억년전 ~ 5억년전

1억9천5백만세대 전 할아버지
(4억1천7백만년전)

1억7천5백만세대 전 할아버지
(3억4천만년전)

1억7천만세대 전 할아버지
(3억1천만년전)

4천5백만세대 전 할아버지
(1억5백만년전)

7백만세대 전 할아버지
(6천3백만년전)

1백5십만세대 전 할아버지
(2천5백만년전)

5만세대 전 할아버지
(6백만년전)

2만 5천세대 전 할아버지
(150만년전)

4천세대 전 할아버지
(1만2천년전)

현재
할아버지의아들

* 리처드 도킨스의 《현실, 그 가슴뛰는 마법》에서 수정 사용

　내일 아침 우주의 극히 하찮고도 사소한 폭발로 지구의 행성이 갑자기 터져버려도 우주는 보통 때와 다름없이 운행될 것이다. 사람들이 자신의 삶에 부여한 가치는 그것이 무엇이든 원자의 본능

인 '안정성 욕구' 즉 꿈에 지나지 않는다. 그래서 그 사람의 꿈 이야기는 소중하다. 그 꿈의 실현을 위해서 지금 이 순간 '오늘'을 의미 있게 살아라.

* 유발 하라리의 《사피엔스》'별로 중요치 않은 동물' 수정 인용

한 소년이 있었다. 그는 1962년에 태어났다. 소년은 꿈을 가졌다. 작가가 되고 싶었다. 우리는 아무도 자기 자신을 모른다. 누구나 다 동일해 보인다. 모두 태생적인 원자의 본능을 꿈꾼다. 하지만 우리 모두는 꿈을 가지고 있다. 그래서 '소년'은 꿈을 꾼다. 지구상의 수많은 우리 사촌들이 꿈을 꾸는 것처럼. 아무도 자기 자신을 모른다. '자신'의 꿈을 찾기 전까지는. 철 따라 이동하는 기러기들이 '날개'가 꿈이었던 것을 모르는 것처럼. 오늘도 소년은 꿈을 꾼다.

04 '나'를 분석하는 기술

우리 모두는 태어날 때부터 자신의 의지와는 상관없이 1인 기업이다. '나'라는 기업주로서 태어난다. 우리는 태어나서 죽을 때까지 자기 자신을 경영한다. '나'는 60조 개의 생명체들을 관리하고 경영하는 주체이다. '나'는 CEO이다. CEO는 자신을 가장 잘 파악해야 한다. '나'는 진정한 '나'의 첫 번째 독자이다. 우리의 몸속 은밀한 어느 곳에 숨어있는 그 독자를 찾아내는 것이다. '안전성의 욕구'를 꿈꾸는 '나'를 찾아내는 것이다.

'나'를 찾아 떠나는 탐구여행은 4단계로 진행된다.

1단계, 생애 주기 그래프를 그릴 수 있다.

그래프를 작성하면서 사건들을 구체적으로 명확하게 기억할 수 있다. 인생의 행복과 불행을 기억할 수 있다. 자신을 성찰하면서 인생을 회고할 수 있다. '나'를 전반적으로 되돌아보고 미래에 대한 인생의 목표를 생각한다. 생애 주기곡선을 그리면 자신을 주인공으로 하는 하나의 인생이 스토리텔링처럼 연결된 느낌을 가질 수 있다.

[생애곡선그리기]

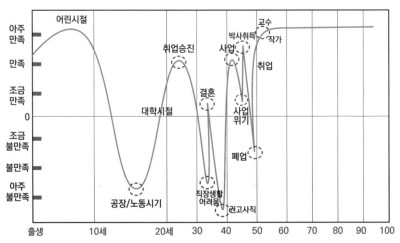

2단계, 자신을 돌아보고 성찰하면서 '나'를 이해하는 것이다. 이 방법으로는 기억을 더듬어보면서 '나'를 분석하는 양식을 작성하는 것이다. 다음은 '나'를 분석하는 양식이다. 이 양식을 활용하면 '나'를 성찰하고 분석하여 쓰고자 하는 분야에 대해 진지하게 생각하고 집중할 수 있다.

중년이 된 소년은 자기분석을 작성한 후, 초기에 자신이 살아온 인생 스토리를 쓰려고 했다. 하지만 상담을 받으면서 쓸 분야를 바꾸었다. 처음 상담사가 소상공인이나 자영업자들이 성공할 수 있는 스토리 구상을 제시했지만, 소상공인 분야보다는 자신이 시니어 기술 창업 센터장으로 있으면서 겪은 이야기들을 쓰기로 했다. 그들 중에는 애석하게도 나이가 60대 초반인데 멋진 사장님의 꿈을 품은 채 하늘로 간 CEO도 있다.

시니어센터에 입주한 창업가들은 사연도 많고 창업에 대한 의지도 크며, 나름대로 지식과 풍부한 경험을 가지고 있었다. 그들은 초기 자본이 많이 들어가는 자영업 창업을 원하지 않았다. 또한 자영업은 경쟁도 치열하고 폐업을 하면 가정이 무너질 수도 있다. 자영업 창업은 10개 중에 5년을 넘기는 업체들이 3개 정도 밖에 되지 않는다. 그나마 3개 업체들도 마지못해 운영을 유지하는 곳이 많다. 출퇴근을 하면서 보면 거리의 상가나 혹은 재래시장들의 자영업 간판들이 자주 바뀌는 것을 볼 수 있다. 장사를 유지해도 마땅히 할게 없거나 그나마 월 1~2백만 원이라도 수입이 있으니까 폐업하기보다는 유지하는 곳이 많다. 이들에게 어떤 달콤한 말로 위로를 줄 수 있는가!

고통스럽고 슬픈 기억을 많이 가지고 있는 자영업보다는, 성취에 대한 큰 기쁨과 서로 정보도 교환하며 도움을 주는 센터의 창업 대표님들에 대한 행복한 기억들을 가지고 있다. 그것을 글로 써서 감동적인 순간들을 다시 재현한다는 것은 중년의 소년에겐 커다란 기쁨이다.

['나'를 분석하는 기술양식]

		현재 모습
'나'의 이름		
태어난 일자		
메일 ID		
거주이력		
학력		
직장경력		
특이한 경험		
성격 (애니어그램분석)		
강점&약점 (VIA 분석)		
인생 스토리	10대	
	20대	
	30대	
	40대	
	50대	
	60대	
하고 싶은 일 되고 싶은 것 갖고 싶은 것 나눠주고 싶은 것		
독서성향		
쓰고 싶은 책 제목 5가지		

* 위의 양식에서 자신의 강점과 주요 관심사, 그리고 나의 인생 스토리, 쓰고 싶은 주제를 연관 지어 분석하면 자신의 독특한 주제를 찾아낼 수 있다.

3단계, 선조들은 오래전부터 '나'에 대하여 수많은 질문을 해왔고 나름대로 많은 정의를 해왔다. 그런 과정에 '나'를 이해할 수 있는 많은 도구와 기법들을 만들어 냈다. 심리학이 학문으로서 정립된 것은 100년 전 내외지만, 이미 몇 천 년 전부터 '나'의 유형을 대표적인 몇 가지로 분류 해왔다. 물론 인간은 개개인이 인류의 수만큼이나 다르다. 하지만 '나'를 찾으려 무던히도 애쓰던 선조들은 대표적인 몇 가지 유형으로 자신과 타인을 이해하려고 했다.

이러한 도구들 중에 BC 2500년 경 바빌론에서 인류의 유형을 9가지로 분류하고 '나'와 '타인'을 이해하는 툴로서 에니어그램이 활용되었다. 각각의 유형 특성에 따라 인생철학과 신념과 생활태도를 이해하고 활용한 기법이다. 이 기법은 구전으로 전해내려 오다가 AD 400~500경 이집트를 거쳐 유대 신비론자들에게 전수되었다. 중세 유럽을 거쳐 1910년 그루지예프가 본격적으로 자료를 수집하고 연구를 거쳐 심리학을 접목시킴으로서 체계적인 툴로 자리잡게 되었다. 에니어그램 분석은 성격유형 분석으로서 '나'를 이해하는데 많은 도움이 된다. STP는 '나'와 '타인'을 동시에 이해하고 서로 돕고 성공과 행복, 기쁨과 슬픔을 함께 나누는 것을 의미하는 기술이며 툴이다.

4단계, 긍정심리분석가인 마틴 셀리그만의 강점 분석 툴은 자신의 강점을 이해하는 툴이다. 자신의 강점을 활용하여 행복과 꿈, 성공과 실패를 극복하는 툴로서 자신 내면 깊숙이 잠재되어 있는 특성을 찾아내 이를 긍정적인 인생의 자기계발로 활용하는 기법이다. 이 분석은 자신의 인생에서 기쁨과 행복, 성공과 만족에서 특성을 찾아내 현재의 인생을 풍요롭게 만드는 기법으로 활용한다.

우리 개인 각자는 아득한 원시로부터 38억 년 동안 엄청난 조직으로 결합한 60조의 대군을 지휘하는 훌륭한 CEO로 선정된 자이다. 자기 자신은 이 대군을 경영하면서 온갖 슬픔과 기쁨, 고통과 즐거움, 행복과 불행을 기억 속에 스토리로 담고 있다. 이 스토리들 중에 자신에게 강력하게 끌리는 것, 쓰고 싶은 것, 하고 싶은 것을 찾을 수 있다.

05 독자를 매혹시키는 기술 - STP

독자를 유혹하는 책을 쓰려면 독자를 정확하게 분석하는 것이 필요하다. 그들이 원하는 것, 그들이 좋아하는 것, 그들의 어려움이나 문제를 파악하고 이에 대한 해결책을 주는 것이라면 그들의 공감을 얻고 가슴을 설레게 하고 그들을 유혹하는 책이 된다. 그들이 공감할 수 있는 사건을 자신의 경험 속에서 혹은 사례 속에서 찾아내고 그것을 재미있는 스토리로 만들어야 한다. 그 스토리 속에 콘셉트 즉 메시지를 담아내면 된다. 메시지란 솔루션도 될 수 있고 도움을 줄 수 있는 기법이나 통찰, 혹은 삶의 깨달음이 될 수 있다.

고객을 분석할 때 경영학에서 STP 기법을 사용한다. 중년이 된 소년은 경영학에서 배운 이 기법을 책 쓰기를 할 때 활용한다. STP 에는 두 가지 엄청난 비밀이 있다.

첫째, 자신이 성공하려면 반드시 타인을 먼저 성공시켜주어야만
한다. 마찬가지로 자신이돈을 벌려면 먼저 타인이 돈을
벌도록 해야 한다. 그러면 자신도 자연히 돈을 벌 수 있다.
둘째, STP는 인간의 꿈과 가치를 찾는 도구이며 기술이다. 이러한
욕구를 해결해주는 훌륭한 기법이며 방법이다. 이 기법은
원자의 본능인 '안정성의 욕구'를 이해하고 해결해 주는 툴
이다.

소년은 중년이 되어서야 비로소 STP의 비밀을 깨달았다. STP 3단
계 적용기법을 배웠다.

1단계 : 세그먼테이션 (Segmentation)

독자를 정확하게 찾아내는 작업을 한다. 이를 세그먼테이션
(Segmentation) 즉 독자 세분화 작업이라고 한다. 소년은 전공과
경험과 지식을 활용하여 《4차 산업혁명 시대 지식창업을 하라》는
책의 주제를 정했다. 이 주제는 직장인들이라면 누구나 지식창업에
대한 많은 관심을 유발할 수 있다. 세그멘테이션의 분석 결과는 책
제목으로 간단하고 정확하게 그리고 구체적으로 표현할 수 있다.

많은 직장인들이 창업을 꿈꾼다. 하지만 그들에게 창업 자금은 넉
넉지 않다. 따라서 직장에서 습득한 지식과 경험을 활용하여 무자

본 창업을 할 수 있다면 많은 관심을 끌 수 있다. 그들이 이 책을 읽고 책을 쓰겠다고 결심하는 즉시 매일 지루하게 반복되는 업무가 새롭게 느껴지고, 열정과 깊은 관심과 업무 의욕을 가져다줄 것이다. 업무는 즐겁고 더욱더 호기심이 생기며, 직장 상사들이 존경스럽고 직장 동료들이 소중한 창업 자산이 되는 것이다. 월급 환경이 창업 자산의 환경으로 바뀌는 것이다. 만일 그들이 창업하여 실패한다고 할지라도 지식과 경험은 그대로 자산으로 남아있어 활용할 수 있다. 소년은 예상독자를 직장인으로 설정했다.

세그먼테이션 한 독자는 이 책을 읽고 지식창업에 도움을 받고자 하는 직장인들이다. 따라서 독자들에게 읽기 쉽게 지식창업에 필요한 정보와 해결책을 제시해주어야 한다. 《4차 산업혁명 시대 지식창업을 하라》의 독자는 누구인가 독자 세분화 작업을 진행한다. 핵심 독자는 대체로 30대에서 50대 정도의 창업을 꿈꾸는 사람들이다. 이들을 더 세분화하면 무자본 창업을 원하는 지식과 경험을 가진 직장인들이 된다. 이를 더 쪼개면 현재 직장을 가지고 있는 사람들 중 1~2년 안에 퇴직을 생각하는 사람들이다. 신입사원보다는 직장 경력이 있는 사람들이다. 그들 중에도 자신의 분야에 대해 책쓰기를 원하며 이를 기반으로 창업을 열렬하게 꿈꾸는 사람들이다.

그들의 유형은 대체로 독립심과 정신력이 강하며 자신의 인생에 대하여 무엇인가 꿈을 꾸는 사람들이다. 지금 하는 일에 대하여 스스로 전문가라고 자부하는 사람들이다. 또한 반복되는 직장생활에 대하여 이제 많은 것을 배우고 지식창업을 위해 떠날 때가 되었다고 느끼는 사람들이다. 모험심도 강하고 미래지향적이며 '나'를 찾아 떠나는 사람들이다. 창업을 통하여 직장생활보다 많은 수입을 원하는 사람들이고 자유를 꿈꾸며 구속받기를 원하지 않는 사람들이다. 이 책은 그들에게 용기와 동기부여와 방법을 제시해 준다.

사례1 《세일즈 천재가 된 홍대리》의 세그먼테이션

　'아우로'라는 아웃도어 전문 의류회사의 기획부 소속으로 제품개발에 몰두하던 홍 대리, 어느 날 회사의 순환근무 원칙에 따라 세일즈마케팅부로 발령이 나자 강한 불만을 품고 회사를 그만둘지 고민한다. 세일즈는 적성에도 맞지 않을뿐더러 한 번도 자신의 일이라고 생각해본 적이 없기 때문. 하지만 우연히 강연장에서 만난 신미라 원장의 '사람은 누구나 자신을 세일즈 하면서 살아간다'라는 말에 충격을 받고, 또한 로또에 당첨되지 않고, 창업하지 않고, 임원으로 승진하지 않고 순수한 자신의 노력만으로 억대 연봉을 받을 수 있다는 말에 이끌려 일단 세일즈를 체험해보기로 결심한다. 하지만 매번 실적 저하와 실수로 팀장에게 갖은 모욕과 폭언을 듣는가 하면 가장 중요한 매장을 경쟁사에게 내주며 큰 위기를 맞는다.

　자신감을 잃은 홍 대리는 초등학교 동창이자 신발가게를 운영하는 은서를 찾아간다. 구두 판매업을 하면서 구두에 광적으로 미쳐 있는 은서에게서 자신과 다른 점을 발견하고 고민한다. 고심 끝에 용기를 낸 홍 대리는 신미라 원장을 만나기로 결심하고 그녀를 찾아 멘토가 되어주길 청한다. 세일즈계의 미다스손이라 불리는 베테랑 신미라 원장은 홍 대리에게 세일즈를 잘하는 테크닉 대신 이상한 질문을 하나씩 던지며 홍 대리 스스로 답을 찾아가도록 한다. 신 원장의 돌발적인 질문에 하나씩 답을 찾아가던 홍 대리는 점점 세일즈라는 일의 진정한 의미와 가치, 직업으로서의 매력을 깨달아간다. 틈만 나면 부정적인 생각에 시달리고 자신감이 없던 홍 대리는 이 과정을 통해, 어느새 몇 달을 기다려서라도 고객을 설득시키는 현장 전략가로 거듭나며 아우로를 아웃도어 1위 업체로 끌어올린다. 실적 달성뿐 아니라 인간관계의 소중함을 뼈져리게 느끼고 세일즈의 매력에 푹 빠진 홍 대리, 1년 만에 정식으로 세일즈마케팅부서로 옮겨 억대 연봉 달성에 성공하고, 세일즈 강연자로 맹활약하는 프로 세일즈맨으로 거듭나게 된다. [인터넷 예스24 제공]

신윤순작가의《세일즈 천재가 된 홍대리》의 줄거리다. 이 작품은 이미 책 제목에 세그먼테이션이 구체적으로 표현되어 있다. 세그먼테이션의 최종 결과는 책 제목에 그 결과가 정확하게 나타나는 것이다. 그림은 베스트셀러 책에 대한 세그먼테이션의 결과를 보여주고 있다. 초기 책을 집필할 때는 최대한 독자의 범위를 좁히고 좁혀서 대상을 정확히 한다. 책이 베스트셀러가 되면 독자의 범위는 반대로 점차 확대되어 영업직이 아닌 일반인들까지 확대될 수 있다. 《세일즈 천재가 된 홍대리》는 일반인 중에 직장인, 직장인 중에서도 의류 전문 기업의 영업부, 영업부에서도 '아우로'사의 대리급 직장인을 대상으로 하고 있다. 하지만 이 책은 베스트셀러가 되면서 독자층이 예비 영업인을 넘어 일반 독자들까지 읽는 책이 되었다.

예상독자(세그멘테이션)

독자 : 일반인

직장인

의류전문기업
아우로, 영업부

세그멘테이션
(독자층세분화)
Segmentation

영업보직
이동한
홍대리

베스트셀러
(독자층확대)
Desegmentation

2단계, 타깃팅 (Targeting)

세그먼테이션이 독자, 즉 사람을 세분화하는 것이라면 타깃팅은 세분화된 독자의 관심분야를 세분화한다. 이 분야는 물론 직접 경험을 가지고 있거나 상당한 전문지식과 기술 혹은 경험을 가지고 있는 것이 유리하다. 예상 독자는 인생의 모든 문제에 대하여 관여하고 있고 따라서 관심을 가지고 있다. 타깃팅은 선정된 독자의 특정한 관심분야를 정확하게 구체적으로 설정한다. 저자는 이 분야에 대하여 지식과 기술, 경험과 감성 즉 실패, 성공, 좌절, 기쁨, 성취, 행복, 불안 등 희로애락을 가지고 있다.

《4차 산업혁명 시대 지식창업을 하라》는 창업에 관심이 있는 독자를 선택했다. 그중에서도 지식창업 부문을 선택했다. 창업을 하려는 독자들이 정말로 원하는 것은 무엇일까? 그들이 관심을 가지고 있는 분야는 어떤 분야일까? 창업을 하겠다고 하면 어떤 큰 어려움이 있을까? 그들이 가지고 있는 문제들은 어떤 것들이고 어떤 장애물을 가지고 있을까? 그들의 고민은 무엇일까? 독자들은 구체적으로 어떤 유형이고 어떤 욕구를 가졌을까? 그들의 지식과 경험은 어떤 것들이고 그 수준은 어느 정도일까? 지식창업을 하기 위하여 가장 필요한 것은 무엇일까? 이 책은 그들에게 무슨 해결책을 제시해 줄 수 있을까? 어떤 솔루션으로 그들의 창업이 성공할 수 있도록 이끌어 줄 수 있을까? 그들이 책을 통하여 창업에서 성공할 수 있는 방법을 어떻게 찾을 수 있을까? 어떤 방법으로 열정과 희망을 얻고 용기를 내서 지식창업을 위해 당당하게 사직서를 제출할 수 있을까? 직장을 다니면서 어떻게 지식창업을 준비할 수 있을까? 타깃팅은 바로 이러한 내용들을 정확히 포착해서 장제목이나 소목차의 제목으로 담아낸다. 이 메시지를 가지고 각각의 장제목과 소목차를 구성한다. 목차는 이러한 문제들을 해결해 줄 메시지를 스토리텔링 형태로 품고 있어야 한다.

중년이 된 소년의 경우 아홉 번이나 직장을 그만두고, 창업을 고민할 때마다 번번이 실패하여 재취업을 했다. 가장 큰 문제는 창업 자금과 어떤 사업 아이템을 선정하는가였다. 이 문제를 해결하지 못해 여러 번 이직하고 그때마다 다시 직장생활을 했다. 쓰려고 하는 창업과 관련된 책을 통하여 독자의 니즈와 문제 요소들을 찾아낸다. 이 내용들을 분류하여 책제목과 장제목을 구성하고 각 장들의 소목차에 해결책을 제시한다. 해결책은 그 메시지에 어울리는 사건과 스토리를 융합하여 재미있는 글로 풀어나간다.

사례2 《세일즈 천재가 된 홍대리》의 타깃팅

이 책은 독자의 수많은 관심분야 중에 '직장'이라는 분야를 선택했다. 직장 분야에서도 범위를 좁혀 직무 분야를 선정하고 직무에서도 '영업 분야'를 선택했다. 영업에도 수많은 주제들이 있다. 또한 업종별로 수많은 직무들이 있다. 이 책은 '아웃도어 전문 의류기업의 대리 직급'인 홍대리가 기획팀에서 영업팀으로 발령 나 영업 공포증을 이겨내고 성공하는 이야기를 다루고 있다.

타깃팅은 예상 독자가 가지고 있는 관심분야의 욕구나, 희망, 갈망이나 바램, 문제에 대한 해결책 등을 나타내야 한다. 이러한 내용들이 장제목이나 소목차로 표현되어야 한다. 다음은 《세일즈 천재가 된 홍대리》의 사례를 보자. 〈목표를 가지고 현장에 나가라〉는 2장의 장제목이다. 영업사원들이 구체적인 목표 없이 단순히 거래처 방문을 위해, 세금계산서나 수금을 위하여 혹은 시간을 때우기 위해 현장을 둘러보러 나가는 경우가 많다. 따라서 이 제목에선 '생각 없이 나가면 아무리 뛰어도 제자리걸음'이라는 메시지를 던져주고 있다.

또한 소목차들을 보면 〈미션 및 목표 설정〉, 〈세일즈 플래너와 고객 파일〉, 〈관심과 집중으로 몸에 익히는 세일즈 학습〉, 〈책상머리에서 배울 수 없는 것들〉, 〈싸우지 않고 이기는 법〉, 〈99%의 노력과 1%의 천성〉 등 영업 직장인들의 문제들을 풀어줄 수 있는 정보들로 구성되어 있다.

세그먼테이션과 타깃팅의 결과는 책 제목과 장제목, 그리고 소목차로 표현되어야 한다. 그렇게 할 때 STP의 효과가 크며 베스트셀러가 될 확률이 높다. 책이 베스트셀러가 되면 독자의 범위는 반대로 점차 확대되어 영업직이 아닌 직장인들까지 확대될 수 있다. 《세일즈 천재가 된 홍대리》는 일반인 중에 직장인, 직장의 직무 중에서도 영업, 영업에서도 한창 열정적으로 일할 대리급 직장인을 대상으로 하고 있다. 하지만 이 책은 베스트셀러가 되면서 독자층이 예비 영업인을 넘어 일반 독자층까지 확대되어 읽는 책이 되었다.

예상독자의 관심분야(타깃팅)

분야 : 직장

직무 : 영업

의류전문기업
아우로,보직 이동

타깃팅
(영업분야 타깃팅)
Targeting

홍대리의
영업적응
성공스토리

베스트셀러
(독자층확대)
Desegmentation

3단계 : 포지셔닝(Positioning)

 ST 분석을 통해 책제목과 장제목, 소목차가 정해지면 이제 관심 분야의 내용 즉, 책의 내용을 기존 도서들과 어떻게 차별화하여 구성할 것인가, 그것이 포지셔닝(Positioning)이다. 포지셔닝 기법은 세계 경영학계의 구루(guru,전문가)로 존경받는 김위찬 교수와 르네 마보안 교수가 개발한 전략 캔버스 툴을 이용한다. 독자 분석을 통하여 의지와 욕구와 문제들을 확인했다면 이 툴을 활용한다.

경쟁도서보다 효율적으로 차별화하여 쉽게 그리고 재미있게 공감을 주는 내용으로 해결책과 방법을 모색한다. 이때 경쟁도서에서 독자들이 남긴 만족과 불만사항을 분석하여 차별화의 기회로 삼으면 많은 도움이 된다.

서론, 본론, 결론은 어떤 틀을 가지고 어떻게 구성할 것인가? 어떤 정보와 메시지와 스토리와 사례들을 가지고 내용을 어떻게 배열할 것인가? 어떤 문장으로 어떻게 표현해 낼 것인가? 어떤 문단 구성과 어떤 사례들을 활용할 것인가? 즉 재미와 공감과 문제 해결 정보와 깨달음과 지혜 및 삶의 방향을 몇 장에 어떤 소목차에 어떤 내용으로 어떻게 표현할까? 포지셔닝은 그러한 메시지들을 재미와 함께 효율적으로 배열해 주는 기법을 연구한다. 포지셔닝의 FIMS 기법은 앞으로 설명할 장제목과 소목차의 배열 분석과 문단 분석 틀(framework)을 이용하도록 한다. 여기서는 나열된 사건들을 어떻게 중요도와 우선순위를 두어 활용할 것인지에 대해 간단하게 설명한다.

FIMS 기법에서 F는 재미(Fun)를 의미한다. I는 독자들이 필요로 하는 유용한 정보(Information)를 의미하고, M은 공감 혹은 의미(Message)를 나타낸다. 또한 S는 독자에게 포괄적으로 제시되는 해결책(Solution)을 의미한다. 경쟁 도서를 분석할 때 FIMS를 5점 척도로 분석하여 자신이 쓸 책의 포지셔닝을 정한다. 다음 그림은 《4차 산업혁명 시대 지식창업을 하라》의 포지셔닝이며 C도서로 표시한다.

 책의 내용을 어떻게 구성할 것인가 고려하면서 독자에게 주어야 할 핵심적인 요소를 그림과 같이 1에서 5까지 척도를 부여한다. 그리고 경쟁 도서들도 똑같이 분석한다.(R-STP) 또한 자신이 쓸 책의 내용을 구성할 4가지 핵심요소를 경쟁 도서들과 비교 분석하여 포지셔닝 한다. 1은 낮은 점수고 5는 제일 높은 점수이다.

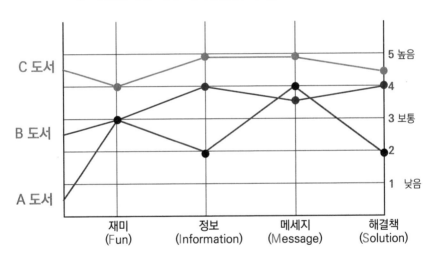

《4차 산업혁명 시대 지식창업을 하라》의 포지셔닝 FIMS

A 도서와 B 도서의 경우 재미(F)는 3점 정도를 줄 수 있다. 창업을 하는데 필요한 정보제공 측면에서 A 도서는 재미요소는 유지하고 있었지만 너무 사적인 스토리만 늘어놓았을 뿐, 창업하려는 독자들에게 필요한 정보제공(I)은 미흡한 측면이 있다. 반면 B 도서는 정보제공은 높았지만 다소 어렵고 전문적인 용어를 많이 사용해 혼란스럽고 복잡했다. 전문서적으로 호감은 갔지만 공감(M) 측면에서 다소 부족했다. A 도서의 경우 독자에게 공감은 많이 일으킬 수 있었지만 정작 창업에 필요한 구체적인 정보제공은 미흡한 측면이 있었다.

C 도서인《4차 산업혁명 시대 지식창업을 하라》는 책을 구성할 때 스토리의 재미와 창업을 하는데 필요한 정보제공과 종합적인 해결책 제시를 목표로 삼았다. 그리고 독자들의 공감을 불러일으키는 데 초점을 맞추었다. 경쟁 도서를 분석하고 자신이 쓸 책을 구성할 때 그림에서 활용한 재미, 정보제공, 메시지(공감), 해결책 제시 등 4가지 요소를 적용했다. 이 분석 요소는 어느 책을 쓰든지 활용할 수 있다.

책을 쓰는 분들은 대다수가 전문가들이다. 이들은 스토리 구성을 할 때 특히 재미요소를 부여하는데 많은 애를 먹는다. 전문가들은 더욱 그렇다. 전문적인 용어나 지식으로부터 벗어나 독자들을 끌어들일 수 있는 책을 쓰는데 많은 노력과 포기가 필요하다. 전문서와 대중서는 다르기 때문이다.

　독자들이 지식창업에 관심을 갖고 서점을 방문하여 판매대에 섰을 때 STP 기법을 활용하여 책을 썼다면 제목을 보고 책을 집어 들 것이다. 그리고 목차를 본 다음 서문을 잠시 읽어본다. 두어 장 넘겨 핵심적인 목차를 훑어보고 해당 페이지를 더 찾아 읽어본다. 2~3페이지를 읽어보고는 창업에 대한 꿈에 부푼다. 창업을 꿈꾸는 독자는 곧바로 카운터로 가서 지갑을 꺼낸다. 2만 원도 안 되는 금액으로 지식창업을 꿈꾸는 독자는, 미래의 인생을 새롭게 그릴 수 있다.

사례3 《세일즈 천재가 된 홍대리》의 포지셔닝

포지셔닝을 분석해 보자. FIMS 분석을 진행하면 아래와 같이 추정할 수 있다. 적절한 등장인물들로 소설적 구성을 지니고 있어 책은 재미가 있다. 책을 잡으면 놓지 않고 한 번에 읽을 수 있는 흡입력도 가지고 있다. 또한 초보 영업맨들을 위한 정보들과 전반적인 해결책도 유익하게 제공되고 있어 책은 나름대로의 읽을 가치가 있다. 그러나 경험이 많은 전문 영업맨들에겐 식상한 스토리를 늘어놓는다는 허점을 지니고 있다. 물론 소설적 구성 방법은 전문 영업 스킬이나 기법을 풀어가는 데는 한계가 있다. 너무 재미 추구와 쉽게 쓰겠다는 기본 라인이 강한 나머지 호기심 많은 전문가들이 책을 완독했을 때는 낡였다는 허탈감을 느낄 수 있다. 업종이 다양한 영업맨들이 겪고 있는 난제들은 공통적이고도 기본적인 해결책으로는 풀기 어렵다. 그래도 이 책은 재미있고 공감이 가기 때문에 베스트셀러가 될 수 있다.

오히려 신윤순 작가는 보험 세일즈 시장에 입문하여 5년 만에 '보험인 대상'을 수상한 영업 전문가이다. 보험영업은 영업 중의 영업이라고 한다. 다소 재미를 줄이더라도 힘들고 어려웠던 영업의 순간들을 자신만의 극복 스토리를 풀어나갔다면 대다수의 영업맨들에게 환영받을 수 있는 책이 됐을 것이다. 또한 소목차별로 사건나열 형태의 스토리에 전문가 다운 해결책과 독특한 기술들을 담아냈다면 영업맨들에게 스테디셀러로서 바이블 다운 책이 되지 않았을까? 하지만 6년이 지난 지금도 이 책은 초보 영업맨이나 영업에 공포증을 가지고 있는 직장인들에게 꾸준히 인기를 누리고 있다.

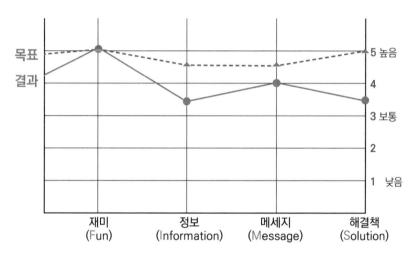

《세일즈 천재가 된 홍대리》의 FIMS(목표 vs 결과)

06 베스트셀러를 쓰려면 베스트셀러를 STP 하라 (R-STP 기술)

　작가 지망생들이 작가의 꿈을 이루는데 왜 그렇게 많은 시간을 낭비하는 걸까? 혹은 50대 중반의 소년처럼 많은 시간을 혹은 평생 동안을 습작과 작가 공부에 바쳐도 작가의 꿈을 이루지 못하는 이유는 무엇일까? 결정적인 이유는 관련 분야의 책이나 경쟁 도서를 전혀 분석하지 않거나 철저하게 하지 않기 때문이다. 대부분이 후자에 속한다고 볼 수 있다. 소년의 경우도 그러했다. 물론 예비 작가들은 책을 쓰기 전에 관련된 분야의 책들을 많이 본다. 하지만 그것은 대부분이 읽기 위한 독서를 할 뿐 쓰기 위한 독서, 즉 생산적 독서를 하지 않기 때문이다. 자신이 쓸 책의 관련 도서를 분석한다는 것은 새로운 책을 쓰기 위한 생산적 독서를 의미한다. 생산적 독서방법은 다음과 같다.

첫째, 경쟁 도서를 읽을 때 STP 기법을 다시 적용하여 분석하는 것을 의미한다. 경쟁도서 분석방법을 여기서는 R-STP 기법이라 부르겠다. R-STP 기법은 이미 출간된 베스트셀러 경쟁 도서가 포함하고 있는 독자의 성향과 특성과 욕구를 재분석한다는 의미이다. 경쟁 도서를 구매하는 주류층은 누구이며 그들은 왜 경쟁 도서에 열광하는지 철저하게 분석한다. 경쟁 도서를 정독하면서 STP 요소들을 다시 한 번 정리하고 분석하는 것이다. 이때 독자로서가 아니라 작가로서 책의 내용을 분석하고 검토한다. 자신이 책을 쓸 때 독자를 선정하고 분석하는 것처럼 이미 출간된 책이 타깃으로 정한 독자를 분석하는 것이다. 이는 책을 초기에 기획할 때 세그먼테이션 (Segmentation) 작업을 하는 것과 동일하다.

둘째, 독자들이 정말로 경쟁도서에서 원하는 것은 무엇일까? 그들은 어떤 욕구를 만족하고 있을까? 그들은 어떤 해결책을 발견할 수 있을까? 타깃팅은 바로 이러한 내용들을 정확히 포착하는 것이다. 경쟁 도서의 제목이나 장제목 및 소목차를 분석한다. 경쟁 도서의 목차들은 독자들의 고민이나 욕구들을 해결해주는 메시지를 세련된 방법으로 담고 있기 때문이다. 타깃팅을 통해서 뽑아낸 메시지들을 가지고 각각의 장제목과 소목차들을 구성한다. 그 목차들은 독자의 문제들을 해결해 줄 메시지를 나타내거나 담고 있다. 따라서 이는 자신의 책을 쓸 때 하는 타깃팅 작업(Targeting)과 동일하다.

셋째, 소목차별 내용은 어떻게 문단틀을 구성하고 있는가? 정보와 메시지와 스토리와 사례들을 가지고 내용의 틀을 어떻게 배열하고 있는가? 그것을 문장으로 어떻게 표현하고 있는가? 어떤 문단 구성과 문단 구성별 특성을 활용하고 있는가? 재미와 공감과 문제 해결 정보와 깨달음과 지혜 및 삶의 방향을 문장 속에 어떻게 제시하고 있는가? 포지셔닝(Positioning) 기법은 경쟁 도서의 정보와 메시지들이 내용 속에 어떻게 배열되어 있는지 분석한다. 소목차들 중에 벤치마킹할 만한 5~6개의 샘플을 찾아서 집중적으로 내용의 틀 구성을 분석한다. 이는 자신의 책을 쓸 때 포지셔닝(Positioning) 작업을 하는 것과 동일하다.

넷째, 경쟁 도서에 있는 판매지수 및 독자들의 온라인 리뷰를 분석한다. 판매지수 분석은 경쟁 도서가 얼마나 독자들에게 인기가 있는지 향후 책의 판매 동향 등을 알 수 있는 바로미터가 된다. 온라인 리뷰에는 독자들의 다양한 조언과 찬사들이 기술되어 있다. 경쟁 도서에 대한 독자의 리뷰를 분석하면 자신이 쓸 책의 방향을 잡을 수 있다.

다섯째, 경쟁 도서를 분석하는 가장 큰 이유는 이를 활용하기 위해서다. 예를 들면 주제, 목차 구성, 아이디어나 콘셉트 등을 창조적으로 모방할 수 있다. 여기에 자신의 지식과 경험을 융합하여 새로운 콘텐츠를 재창조 해낼 수 있다. 이것이 생산적 독서를 넘어 생산적 쓰기이다.

《4차 산업혁명 시대에 지식창업을 하라》를 쓸 때 50대 중반이 된 소년은 30여권 이상의 경쟁 도서들을 분석했다. 《배움을 돈으로 바꾸는 기술》, 《지식을 돈으로 바꾸는 기술》, 《책쓰기 학교 인생을 바꾸다》, 《제로창업》, 《한권으로 끝내는 책쓰기 특강》, 《아프니까 청춘이다》, 《1인창업을 위한 책쓰기 교과서》, 《부자아빠 가난한 아빠》, 《1인 창업의 정석》, 《부의 추월차선》, 《지식창업자》, 《부자아빠 가난한 아빠》…. 소년은 책의 부제를 《배움을 돈으로 바꾸는 기술》에서 가져왔다.

경쟁 도서를 분석하게 되면 자신이 쓰고자 하는 분야의 현재 트렌드를 파악할 수 있으며, 독자들이 선호하는 목차들과 글의 내용들을 알 수 있다. 또한 이들을 벤치마킹함으로써 자신이 쓸 책의 질을 높일 수 있으며 창조적 모방을 통해서 지식을 확장시킬 수 있다.

특히 이선영 작가의 《1인 창업이 답이다》와 장진우 작가의 《지식을 돈으로 바꾸는 기술》, 송숙희 작가의 《책쓰기의 모든 것》, 김태광 작가의 《작가노트》, 그 외 《미움받을 용기》, 《아들러의 심리학》, 《책쓰기 학교 인생을 바꾸다》, 《4주의 기적 페이스북 마케팅》 등을 많이 벤치마킹했다. 이외에도 참고도서까지 하면 100여권 이상은 될 것이다.

이 내용들을 기본 아이디어로 하여 자신의 이야기를 재미있게 덧씌워 풀어낸다. 소년은 경쟁도서 분석노트를 만들어 기본 아이디어들을 정리했다. 그들을 기반으로 자신의 생각과 지식과 경험을 융합하여 체계를 다시 만들고 이를 소목차에서 자신의 경험과 기억을 끄집어내 스토리 형태로 재창조한다.

경쟁도서를 분석할 때 적용할 가장 중요한 기법은 모방적 따라 하기다. 특히 이 방법은 책제목과 목차등을 정할 때 유용한 방법이 될 수 있다. 예를 들면 창업에 대한 책을 쓴다고 하면 다음과 같이 분석을 해왔다.

《이젠 책쓰기가 답이다》는 '이젠 창업이 답이다', 《닥치고 정치》는 '닥치고 창업', 《아내가 딴짓하는 데는 이유가 있다》는 '직원이 딴짓하는 데는 이유가 있다', 《끌리는 사람은 1%가 다르다》는 '창업하는 사람은 1%가 다르다', 《나는 너와 통하고 싶다》는 '나는 창업과 통하고 싶다', 《굿바이 학교폭력》은 '굿바이 샐러리맨', '굿바이 9 to 6' 《칭찬은 고래도 춤추게 한다》는 '창업은 게으름뱅이도 뛰게 한다', 《아프니까 청춘이다》는 '아프니까 창업이다', 《부러지지 않는 마음》은 '창업하는 마음은 부자 마음이다' 《생각대로 살지 않으면 사는 대로 생각하게 된다》는 '창업하지 않으면 평생 가난하게 산다' 등으로 얼마든지 바꿀 수 있다. 이러한 방법을 활용하여 책 제목뿐만 아니라 장제목과 소목차들도 동일하게 만들 수 있다.

단지 유의해야 할 점은 책 제목은 정할 때 유명한 책을 모방했다는 점을 금방 알아차리면 독자들은 새로운 책에 대하여 호기심을 잃는다. 또한 '모방자'라는 인식이 들게 되면 작가로서의 입지가 크게 흔들릴 수 있다. 완벽하게 창조적 모방을 하거나 완전한 자신의 것으로 만들 수 있어야 한다. 따라서 1차적 모방을 한 다음, 다시 2차적 분석과 수정을 통하여 완전히 자신의 것으로 만들어야 한다. 이때는 '나'에 대한 집중과 몰입이 필요하다.

예를 들면 《이젠 책쓰기가 답이다》는 '이젠 창업이 답이다', 를 1차적으로 모방했다면 2차적 수정은 '이젠 창업이 답이다'를 '지식창업이 답이다' 라든지 '출근하지 않고 이젠 부자 되는 지식창업이 답이다' '이젠 부자 되는 지식창업이다' 등으로 얼마든지 책 제목을 세련되고 목적에 맞게 만들어 낼 수 있다. 이때 경쟁도서 제목은 좋은 참고 자료가 된다.

이러한 훈련은 단기간에 집중적으로 그리고 효율적으로 하는 게 작가가 되는 지름길이다. 따라서 이 모든 과정은 코칭을 받아 가면서 하는 것이 좋은 방법이라고 할 수 있다.

다시 한 번 강조하자면 책을 기획하거나 자기분석을 통하여 책 제목을 정할 때 간략하게 STP 분석을 한다. 이 분석을 기반으로 경쟁도서를 찾아내 R-STP 분석을 하면서 자신이 쓸 책의 STP를 정립해 나간다. 경쟁도서분석(R-STP)은 '내'가 쓸 책의 STP를 정립하는데 병행되거나 선행되어야 한다. 베스트셀러를 쓰려면 베스트셀러를 STP 해야 한다. 베스트셀러를 STP 한다는 의미는 선택한 분야에 대한 **생산적 독서**를 의미한다. 생산적 독서를 할 때는 2단계로 나누어서 꼼꼼하게 진행해야 한다. 1단계는 **생산적 독서**를 통한 R-STP 작업을 하고, 2단계는 **생산적 쓰기**를 위한 STP(재창조) 작업을 진행한다. 이것이 진정한 독서법이다.

 그동안 작가 지망생들이 많은 시간을 낭비하는 이유는 생산적 독서가 아닌 읽기 위한 독서를 해왔기 때문이다. 경쟁도서의 분석이 중요한 이유가 여기에 있다. 바로 경쟁도서분석은 생산적 독서를 의미한다. 이 과정을 통하여 예비 작가는 진정한 작가로 성장할 수 있다. 아울러 전문가들로부터 책 쓰기 코칭을 받으라고 권하고 싶다. 그것은 시간을 절약해 주고 작가가 되는 지름길을 찾아 줄 것이다.

경쟁도서 R-STP분석《아프니까 청춘이다》

구분	내용	참고	비고
책제목	아프니까 청춘이다	☐ 제목이 요즘 청년들의 심정을 잘 나타냄 ☐ 책 내용의 핵심이 되는 키워드를 포함 ☐ 반전의 묘미로 독자들의 호기심을 끌어냄 ☐ 시대적 키워드 혹은 사회적 분위기를 반영하면 호감을 끌고 있음 ☐ 참신함, 호기심으로 독자의 시선을 이끌어 냄 ☐ 평범한 주제보다는 독창적인 제목임	
세그먼테이션 (예상독자)	20대 젊은이들 또는 대학생 청년들	☐ 젊은이나 대학생을 독자로 하고 있지만 보편적인 인생문제에 대한 성찰과 지혜를 다루고 있음	
타깃팅 (목차분석)	장제목:키워드 나열형 소목차:사건별 문제해결형	☐ 여러가지 사건을 나열하여 현재 젊은이들의 어려운 상황을 기술함. 새로운 통찰을 통하여 삶의 지혜를 제시하고 있음	
포지셔닝 (FIMS분석)	재미(F):3.5, 정보(I):4, 공감(M):5, 해결책(S):3.5	☐ 젊은이들이 생각하고 고민하는 내용들을 담고 이에대한 조언과 올바른 길에 대한 정보를 제공하고 있음 ☐ 젊은이들이 문제를 해결해야 할 구체적인 실행계획을 제시하는 데는 한계가 있음	공감은 하지만 구체적인 해결책을 미제시.
판매지수	200백만부 이상 판매	☐ 스테디셀러로서 꾸준히 판매되고 있음 ☐ 현재 책에 대한 찬사와 비난글이 다수 게재됨	
강점	젊은이들에게 공감도가 높음	☐ 시대 젊은이들의 일상생활의 아픔을 적절하여 비유하여 표현하였음	
약점	구체적인 해결책 제시가 부족함	☐ 공감은 하지만 구체적인 해결책 미제시. 구성 자체가 문제해결형이 아님. 메시지 전달에 중점을 둠. 즉 문제 제기 및 통찰을 제시함. 독자들이 읽고나면 '그래서 어쩌라고' 혹은 '그래서 어떻게 하면 되는데' 라는 질문을 하게 됨	
차별화 (보완점)	구체적인 해결책 제시	☐ 전반적으로 공감할 수 있는 구체적인 해결책 제시가 필요함. 목차구성을 문제제기 해결형으로 가져갈 필요가 있음 ☐ 현재 제시된 사건나열형의 소목차들은 체계적으로 재구성필요. 점증적 해결형이나 문제 제기 해결형으로 장제목과 소목차를 나열하는 것이 필요함	

02

베스트셀러 목차를 만드는 기술

01 시선을 끌어들이는 책제목을 선정하라

독자는 책 제목과 장제목, 소목차 그리고 몇 개의 소목차 내용을 보고 구매 결정을 한다. 따라서 목차를 정하는 것은 아주 중요하다. 책 제목은 책의 생명이 걸린 문제이다. 책 제목 선정은 앞에서도 언급했다시피 세그먼테이션과 타깃팅 분석 내용을 꼼꼼히 검토한 후 이를 기반으로 작성되어야 한다.

STP의 기본 개념은 인생의 문제를 해결하고 행복과 기쁨을 주거나 편리함, 즐거움 혹은 다른 사람을 성공하게 만드는 방법을 읽기 쉽고 재미있게 엮어내는 것이어야 한다. 그것은 원자의 본능으로부터 생성된 '안전성의 욕구' 즉 '생존 욕구'를 해결하고 만족시켜주는 방법이다. 따라서 먼저 독자가 원하는 것을 한마디로 잘 표현하는 문구를 찾아 시선을 끌도록 해야 한다.

대다수 베스트셀러의 책 제목은 독특한 특성을 가지고 있다. 그 특성은 독자들로부터 시선을 끌어들이기 위해서다. 시선을 끌 수 없다면 베스트셀러가 되기 어렵다. 바쁜 현대인들에게 관심을 끌기란 쉽지 않다. 먼저 관심 끌기에 성공한 후, 독자에게 무언가를 주거나 제시해야 한다. 따라서 책 제목에는 이러한 내용이 강력하게 암시되어 있거나 포함되어 있어야 한다.

특히 현대의 독자는 위로와 격려, 공감과 해결책 제시에 목말라 있다. 그런 문제 해결을 주변의 지인들에게 구하기에는 한계가 있다. 책은 그 문제에 대한 해결책을 제시해주는 검증된 상품이다. 우리는 외로움 속에서 걱정과 불안, 두려움 혹은 많은 스트레스 속에서 현대를 살아간다. 그 와중에 자신에게 변화를 주거나 새로운 세상을 체험하거나 위로를 받거나 자신이 미처 깨닫지 못한 것을 깨닫게 해주거나 지루하고 변화 없는 인생을 설레게 하는 정보나 해결책을 얻기 위하여 책에게 다가간다. 책은 5천만 년 이상의 지혜와 문제 해결과 인간의 희로애락이 담겨있다.

책은 은밀하게 그리고 비밀스럽게, 몹시 친절한 어투로 조언을 해주고 축 처진 어깨를 두드려 준다. 어렵고 힘들 때, 인생에 대해서 조언을 구할 때, 인생의 미래에 대해서 고민할 때, 책은 아주 싼 가격에 어머니처럼 부드럽고 섬세한 손길을 내민다. 이 역할에 대한 1차적인 검증은 출판사들이 객관적으로 한다. 그것은 책의 제목으로부터 처음 느낄 수 있다.

따라서 책 제목은 문제를 해결하려는 독자에게 솔루션을 제시하여야 한다. 또한 독자의 인생을 변화시키거나 영향을 줄 수 있는 빅 메시지를 주어야 한다. 동시에 흥미와 호기심을 불러일으키는 주제이어야 한다. 독자들이 원하는 문제들을 거시적이고 커다란 관점에서 전반적인 해결책을 주는 거대한 제목이어야 한다. 혹은 강한 호기심을 불러일으킬 수 있는 제목이어야 한다. 또한 독자의 인생에 감동을 주고 인생을 설레게 하고 변화를 시켜주어야 한다. 의미가 없는 인생에 의미를 부여해 주고 외롭고 슬픈 영혼을 다독거려 줄 수 있는 제목이어야 한다. 이 시대나 상황을 반영하는 새로운 용어를 만들어 제목으로 사용하는 방법도 괜찮다.

혜민 스님의 《비로소 멈추면 보이는 것들》은 멈추면 뭐가 보일까 하는 강한 호기심과 궁금증을 불러일으킨다. 책 제목은 독자의 생활방식과 인생을 바꾸는 메시지를 나타내고 있다. 혜민스님은 바쁜 현대인들에게 일단은 멈추라고 권한다. 멈추면 비로소 못 보던 것들을 볼 수 있다는 메시지를 품고 있다. 대다수의 사람들이 인생에서 앞만 보고 달린다. 그러면서 정작 후회할 일들을 많이 잊고 지나간다. 그 일들은 돌이킬 수 없는 것들이 많다. 한번 쯤 자신의 인생에 대하여 성찰이 필요할 때 이 책은 인터넷을 통해서, 방송을 통해서, 혹은 지인을 통해서 독자들의 마음속으로 살며시 다가온다.

임원화 작가의 《한 권으로 끝내는 책쓰기 수업》은 한 권을 숙독하면 책을 잘 쓸 수 있다는 뉘앙스를 풍긴다. 꿈 많은 소년은 수많은 글쓰기 강좌를 수강했지만 수료를 하고 나면 죽기 전까지 작가가 될 수 있을까 하는 의문을 품어왔다. 이 책의 제목을 보면 평생 책쓰기를 노력하고도 성과가 없는 독자라면 책을 구매할 것이다.

엠제이 드마코의 《부의 추월차선》도 마찬가지이다. 가난 차선을 추월해서 빨리 부자가 될 수 있는 비법을 배울 수 있다는 느낌을 준다. 부자로 가는 지름길이 있다는 것을 강력하게 암시하고 있다. 또한 그 비법은 책 속에 이성적으로 그리고 열정적으로 차분하게 때론 활활 타오르는 불길같이 담겨있다.

책 제목을 작성하는데 대부분 작가들의 조언이 비슷하다. 임원화 작가와 김병완 작가의 책 제목 작성에 대한 조언은 참고할 만한 가이드를 제공해 준다. 다음은 두 작가의 내용을 조합하여 책 제목 작성의 가이드라인을 작성했다.

첫째, 책 내용의 핵심이 되는 키워드를 포함해야 한다.
둘째, 반전의 묘미 혹은 독자들의 호기심을 이끌어 낼 수 있어야 한다.
셋째, 시대적 키워드 혹은 사회적 분위기를 반영하면 호감을 끌 수 있다.
넷째, 독특함, 참신함, 호기심으로 독자의 시선을 이끌어 내야 한다.
다섯째, 평범한 주제보다는 독창적인 제목을 이끌어 낸다.
여섯째, 인생의 본질적인 문제를 해결하는 내용을 나타내면 좋다.

《하마터면 열심히 살 뻔했다》는 제목은 독특하고 참신하며 반전의 묘미를 지닌 제목이다. 대다수의 자기개발이나 성공한 사람들의 조언은 몇 가지 신념이나 법칙을 만들어 놓고 열정과 노력으로 열심히 살라고 조언한다. 하지만 이 책은 다르다.

""나이에 걸맞은 인생 매뉴얼이라는 게 정해진 듯하다. 그래서 매뉴얼에서 벗어나면 득달같이 질문 세례가 쏟아진다. "도대체 왜 결혼을 안 해?", "대출받아서 아파트 사야지.", "차는 결혼 생각하면 이 정도는 돼야 할걸.", "연금보험은 하나 정도는 있어야 하지 않겠어?" 등등. '그 나이 먹도록 뭐 했냐?'라는 식이다. 이러려고 열심히 살았나? 노력의 시대는 갔다. 노력은 항상 정당한 결과를 가져올까? 아니다. 노력한 만큼의 결과가 나오는 일은 사실 극히 드물다. 어째 이상하게 항상 노력은 우리를 배신하는 것만 같다(중략) 그래서 어차피 인생 매뉴얼에서 멀어진 김에 자신만의 길을 찾기로 한 것이다.""

이 책은 돌발적인 책 제목으로 한 번쯤은 인생 매뉴얼을 벗어나 '나'를 '나'로 채울 때를 가지라고 조언한다.

200백만 부 이상 팔린 《아프니까 청춘이다》는 시대상을 반영한 반전의 묘미를 지니고 있다. 우리는 청춘에 대하여 희망적이고 긍정적이며 꿈을 생각한다. 하지만 요즘음 젊은이들은 취업을 위해 스펙을 쌓느라고 바쁘고 스펙을 쌓았다고 하드래도 취업이 쉽지 않다. 또한 책 내용의 핵심이 되는 아픈 청춘을 중점적으로 담고 있다. 흑수저, 헬조선, 지잡대같은 청춘의 아픔이라는 시대적 키워드를 품고 있다.

《나는 자본 없이 먼저 팔고 창업한다》는 우리의 통념을 깨트린다. 대체로 우리는 창업을 한 후 물건을 생산하고 판매를 한다. 하지만 이 책은 세일즈 프러너십을 강조하면서 물건을 생산하지 않았어도 선주문을 먼저 받은 후 판매하라고 한다. 그만큼 세일즈 정신이 중요하다는 것을 강조한다. 한발 더 나아가 세일즈는 인생 문제들에 대한 해결 도구를 소개하고 파는 기법이라고 주장한다. 창업을 하기 전에 독특한 세일즈 정신으로 무장하는 기법을 자신의 경험과 지식을 통하여 어필하고 있다.

베르나르 베르베르의 책 제목은 스테디셀러가 될 만하다. 원제《내일의 고양이》는 독특하고 참신하다. 책 내용의 핵심이 되는 키워드를 찾아내어 자신만의 독창적인 제목으로 독자들의 호기심을 이끌어 낸다.《내일의 고양이》란 의미는 미래에는 고양이가 세계를 지배한다는 의미를 내포하고 있다. 고양이의 시각에서 위험스럽기 만한 인간의 문명세계를 바라본다. 본문조차도 독창적이고 새로운 관점으로 구성되어 있다. 본문의 일부를 보자.

'개의 생각: 인간은 나를 먹여 주고 지켜 주고 사랑해 준다, 인간은 신이 분명하다. 고양이의 생각: 인간은 나를 먹여 주고 지켜 주고 사랑해 준다, 인간에게 나는 신이 분명하다.'

'개는 백스무 가지 인간의 어휘와 행동을 이해하고 배울 수 있다. 개는 열까지 셀 줄 알고 더하기나 빼기 같은 간단한 셈도 할 수 있다. 다섯 살짜리 인간 아이와 맞먹는 사고 능력을 지닌 셈이다. 반면 고양이는 숫자를 세거나 특정한 말에 반응하거나 인간이 하는 동작을 따라 하게 가르치려 들면 즉시 쓸데없는 짓에 허비할 시간이 없다는 의사 표시를 한다. 인간으로 치면⋯⋯쉰 살 성인과 맞먹는 사고 능력을 지닌 셈이다.'

베르베르 작품은 책 제목뿐만 아니라 내용조차도 고양이나 개의 시각에서 인간을 바라보는 기상천외한 상상력으로 이루어져 있다. 원제 《개미의 제국》은 개미의 세계에서 인간을 바라보고 있다. 인간 중심의 세계관에서 벗어나 전혀 새로운 눈높이, 예를 들면 개미의 눈높이에서 바라본 세상을 새롭게 혹은 독특하게 스토리텔링으로 전한다. 그것은 인간의 현실을 새로운 각도에서 살펴볼 수 있게 한다. 300만 년 밖에 되지 않는 영장류 인간의 오만함을 1억만 년이 넘는 시간 동안 진화하며 생존해 온 개미들의 세상에 빗대 경고하고 있다. 이러한 제목들은 창의적이며 호기심을 불러일으킨다. 이 작품은 638쇄를 기록했으며, 「조선일보」 Books에서 20년 이상 사랑받은 스테디셀러로 선정되기도 했다.(예스24 제공)

02 책제목을 선정하는 비교분석기법-사례분석

　《4차 산업혁명시대 지식창업을 하라》의 제목은 창업에 대한 성공 메시지를 주고 있다. 이 제목은 지식과 경험을 활용한 무자본 창업으로서 예비 창업자에게 자금이라는 중요한 이슈를 해결할 메시지를 담고 있다. 또한 자신의 지식과 경험을 활용할 수 있는 매력적인 방법을 기술하고 있다. 표지를 넘겨 5개의 장제목을 살펴보면 이 책을 읽는 독자에게 1~2년 안에 직장에서 지식창업을 준비할 수 있는 확신과 희망과 동기부여와 열정과 방법을 제시하고 있다. 직장을 그만두지 않더라도 언젠가 퇴직하면 곧바로 직장을 그만두고 창업을 할 수 있다는 확신과 방법론을 제시하고 있다. 지식창업이라는 빅 메시지를 품으면서 호기심을 자아내는 책 제목은, 독자를 끌어들이는 힘을 가지고 있다.

이와 유사한 책들의 제목을 검토해보자. 네이버 책 부문에서 '지식창업'을 판매량 순으로 검색한 결과 총 2378건 중에 2017년 10월에 출간된 《출근하지 않고 퇴근하지 않는 1인 지식창업》이 1위를 기록하고 있다. 2017년 5월에 출간된 《1인 지식 창업의 정석》은 2위를, 2016년 5월에 출간된 지식창업자는 4위를 기록하고 있다. 《4차 산업혁명 시대 지식창업을 하라》는 3위를 기록하고 있다. 물론 이 책은 출간한지 한 달밖에 되지 않는다. 경쟁 도서들의 제목을 분석해보자. 고객들은 책을 구매할 때 일단 책 제목을 보고 그다음 목차를, 그리고 목차 중에 호감이 가는 내용을 훑어본다. 어떤 독자는 서문이나 추천사를 훑어볼 것이다.

《출근하지 않고 퇴근하지 않는 1인 지식창업》이란 제목은 출퇴근의 속박에서 벗어나려는 직장인들의 강렬한 꿈이나 희망을 담고 있다. 이 책은 출간된 이래 꾸준하게 팔리고 있다. 읽기는 쉽지만 구체적인 해결책이 없다. 《1인 지식 창업의 정석》은 지식창업을 하려는 독자들에게 표준 교과서 같은 이미지를 준다. 반면 《4차 산업혁명 시대 지식창업을 하라》는 '4차 산업혁명시대' 라는 현재의 트렌드를 담고 있지만 지식창업의 본래 이미지를 나타내는데 다소 부족한 측면이 있다. 출퇴근의 속박에서 벗어나려는 직장인들의 강렬한 열망을 충족시켜 줄 이미지가 미흡하다. 이런 측면에서 이 책 제목은 경쟁 도서들과 비교하여 불리한 측면이 있다. 하지만 내용에서 독자들은 경쟁도서들보다 더 호의적인 서평을 담고 있다. 서평을 봐도 이 책은 경쟁력이 있다. 하지만 책 제목에서 밀리면 내용이 압도적으로 우세하지 않는 한 경쟁에서 이기기란 쉽지 않다.

본서는 지식창업을 원하는 애매모호한 독자층을 겨냥하기보다는 제목에 '무자본 창업'이나 '1인'이라는 단어를 추가했다면 더 호소력이 있었을 것이다. 예를 들면 '4차 산업혁명시대 무자본 지식창업을 하라' 혹은 '4차 산업혁명시대 1인 지식창업을 하라'라는 단어를 삽입했다면 책 제목은 예상 독자들의 기억 속에 더 뚜렷한 이미지로 다가갔을 것이다. 하지만 후회해본들 소용이 없다. 이미 전국 책 매장에 배포가 되었으니 말이다.

[책제목이 베스트셀러를 만든다 네이버 '지식창업 검색]

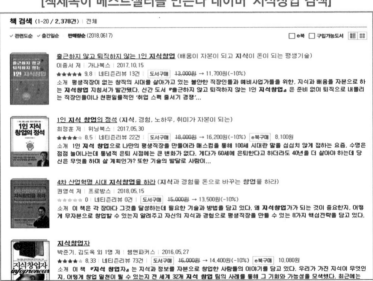

《4차 산업혁명시대 지식창업을 하라》의 원제는 《지식과 경험을 돈으로 바꾸는 창업을 하라》였다. 이 제목은 《배움을 돈으로 바꾸는 기술》이라는 경쟁도서 분석을 하면서 가져왔다. 또한 경쟁도서 분석을 통해 600여 개의 책 제목을 도출했다. 이러한 작업은 아주 쉽다. 몇 가지 예를 들면 《굿바이 학교폭력》을 《굿바이 나인 투 식스》로 바꾸거나 《사다리 걷어차기》를 《직장 걷어차기》로, 《닥치고 정치》를, 《닥치고 창업》등으로 《아프니까 청춘이다》를 《아프니까 창업이다》로 얼마든지 기존 책 제목에 창업과 관련된 용어를 넣어서 멋진 제목을 만들 수 있다. 이들 중에 독자들에게 매력을 끌만한 제목을 선택하면 된다. 위에서 제시한 표준 가이드라인을 고려하여 2차 검증을 한다. 무엇보다도 책의 내용과 잘 어울리는 제목을 선택해야 한다. 책제목을 지을 때 경쟁도서들의 장단점을 비교분석하여 선정을 하라. 예상독자들의 가슴에 강한 이미지를 주는 제목을 선정하라!

03 장제목을 구성하는 4가지 핵심 기술

책 제목을 정했다면 다음은 장제목을 정하는 일이다. 책 제목은 개개의 사람들이 가지고 있는 이름과 같다. 이름이 '홍길동'이라고 한다면 '홍길동'은 책 제목이 된다. 누구나 다 우리 인생은 수많은 콘텐츠를 가지고 있다. 반면 책 내용은 각각 개개인이 가지고 있는 인생 스토리나 운명의 내용이라고 할 수 있다. 따라서 장제목은 이러한 운명이나 인생의 스토리는 핵심적이고도 중요한 주제별로 카테고리 또는 그룹화되어야 한다. 책 제목에 빅 메시지를 담았다면 이제는 세부적인 문제들과 해결책들을 카테고리 혹은 그룹화하여 장제목에 담아야 한다.

STP의 기본 개념은 선택한 분야에서 인생의 욕구나 문제를 해결하는 데 있다. 따라서 STP는 이 목적을 달성하기 위해 행복과 기쁨을 주거나 편리함, 슬픔, 고통, 고민, 즐거움 혹은 독자들을 성공하게 만드는 방법을 읽기 쉽고 재미있게 엮어낼 수 있도록 활용하는 도구이다. STP와 R-STP는 예상 독자가 원하는 것을 잘 표현하는 문구를 찾아 독자들의 시선을 끌도록 해야 한다. 여기에서 중요한 것은 자신의 인생에 대한 진솔한 스토리이다. 우리는 타인의 인생에 관심이 많기 때문에 이러한 이야기는 독자들의 시선과 관심을 쉽게 이끌어 낼 수 있다. 또한 베스트셀러가 되기도 쉽다.

장제목은 대체로 3장에서 10장 사이로 구성된다. 시간 순서 없이 자신의 인생에 중요하게 영향을 미친 사건들을 기억하여 나열한다. 사건별 성공, 실패, 고통, 슬픔, 기쁨, 행복, 지식, 경험, 주제 등을 이끌어내 이 장에서 언급하는 제목 구조기법을 이용하여 장제목을 체계적으로 부여한다. 제목작성법을 참고하여 장제목과 소목차를 정하고 스토리를 구성한다.

STP는 문제 해결기법이다. 원자의 본능인 '안정성의 욕구'를 해결하는 도구이다. 원자의 본능은 무생물이든 생물이든 원시적인 '안정성의 욕구'와 관련이 있다. 사실 무생물이든 생물이든 자연 입장에선 아무런 차이가 없다. 단지 진화의 한 기법이고 각각의 존재들이 생존을 위해 꿈꾸는 방식이다. 인간만이 이해할 수 있도록 그렇게 편의상 구분했을 뿐이다. 무생물이라고 해서 생명이 없는 것은 아니다. 분류하기 좋아하는 인간의 나쁜 버릇이 그들을 생명이 없는 것으로 분류해 버렸다. 단지 우리는 그들의 비밀스러운 생존방식을 인식하지 못할 뿐이다. 사실 무생물과 생물에는 구분이 없으며 무생물이 생존하려는 결합성의 원칙에 더 생명력이 있을지도 모른다. 마찰로 인한 마모와 분식은 또 다른 생존의 결합 형태일 수도 있다.

책 제목과 장제목, 그리고 소목차는 위대한 자연의 생존법칙인 '안정성의 욕구'를 충족시켜 주어야 한다. 이것은 훌륭한 기술이다. 그래서 소년은 본서의 제목을 '기술'이라 부른다. 자연의 위대한 생존기술이다. 장제목은 생존기술방식, 즉 문제 해결방식으로 다음과 같이 4가지 기술을 활용한다.

첫째, 문제를 제기하고 문제 해결중심으로 장제목을 나열하는 것이다. 이는 독자들이 원하는 분야에서 문제 해결을 적극 도와줄 수 있는 형태로 장제목을 구성하는 형태이다. 시간 순서는 중요하지 않다. 성격유형으로는 성취가 형이나 지도자형 성격이 적합하다.

둘째, 시간 전개형을 들 수 있다. 사건들이 시간순서에 따라 진행되며 독자에게 필요한 정보나 문제 해결을 시간 순서대로 제시해 주는 형태이다. 이러한 형태는 모범적인 성향을 보이는 충성가나 중재자 유형에게 적합한 방식이다.

셋째, 키워드 나열형이 있다. 독자에게 호기심을 끌거나 영향을 줄 수 있는 사건 키워드를 발굴해서 이를 중심으로 장제목을 나열하는 것이다. 창의적인 예술가형과 상상력이 풍부한 낙천가 유형이 적합하다.

넷째, 구조적 전개형기법이다. 특정 생각이나 철학, 신념 등을 기반으로 장제목을 구조적으로 전개해 나가는 기법이다. 성격유형으로는 사색가와 개혁가 유형이 적합하다.

다음 각 방법들에 대한 사례들을 보자

1) 문제 제기-해결형 기법 *(4차 산업혁명시대 지식창업을 하라)에서 전문을 인용함)

앞장에서도 말했거니와 중년이 된소년은 여러 번 이직하고 재취업했다. 재취업한 이유는 창업을 하려고 하면 5천만 원에서 1억 원 이상 소요되는 자금이 문제였다.

또한 창업아이템을 찾기 위해 창업박람회와 프랜차이즈 업체들, 외식업체들, 편의점 유통업체들을 전전했다. 그들은 예비창업자들을 순간적으로 유혹할 수 있는 손익계산서를 그럴듯하게 작성해 보이며 창업을 권유했다. 작가를 꿈꾸는 소년은 그때마다 부족한 자금 타령을 하며 창업의 꿈을 접어야 했다. 성실하게 직장생활을 하는 아내를 원망하기도 했다. 지금 생각하면 오히려 창업을 하지 않은 것이 잘 된 일이었다.

그들은 인테리어 비용과 광고, 홍보, 교육 및 매장 구성 등을 빌미로 로열티를 요구하며 원부자재 등의 납품을 약속한다. 하지만 대다수가 그런 약속들은 잘 지켜지지 않으며 본사의 갑질 횡포가 심하다는 불만들이 최근 언론에 자주 보도된다. 당시 돈을 빌려 창업을 했더라면 거의 빚을 지고 가정생활에도 심각한 문제를 일으켰을 것이다. 나는 창업을 포기하고 다시 직장을 찾았다. 지식창업을 알았더라면 직장을 다니면서 창업을 준비했을 것이다.

각 장의 제목은 아래 그림에서와 같이 책 제목과 통합되어 독자의 문제를 해결하기 위한 흐름과 방향을 가져야 한다. 독자들은 5개의 장제목들이 '지식창업'이라는 책제목을 위해 유기적으로 연결되어 있는 것을 느낀다. 이러한 과정을 통해 독자들은 창업에 대하여 문제해결과 성공적인 창업의 검증결과를 보고 공감하고 창업을 준비할 수 있다고 생각한다. 대체로 자기 계발서나 심리적인 도서들, 성공과 관련된 많은 도서들이 문제 해결형 기법을 쓰고 있다.

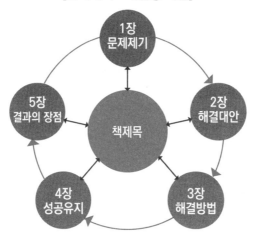

[문제제기- 해결형 기법]

1장
문제제기

2장
해결대안

3장
해결방법

책제목

4장
성공유지

5장
결과의 장점

1장은 직장인들이 창업을 하거나 기존 직장생활을 계속 유지할 경우 문제점 및 직장생활이 인생에 대한 근본적인 해결책이 될 수 없음을 제기한다. 2장은 문제 제기에 대한 대안, 즉 어떻게 해야만 하는가에 대한 소제목을 배열한다. 3장은 실행 가능한 구체적인 해결 방법을 제시한다. 4장은 이렇게 해결된 문제를 성공적으로 유지하고 지속하는 성공습관이나 방법을 기술한다. 마지막 5장은 문제 해결에 대한 장점 및 기타 방법들을 종합적으로 언급하면서 창업 준비 및 창업 후에 성공적인 결과나 방법을 제시한다.

이 기준을 바탕으로 경쟁도서 및 브레인스토밍을 통하여 5개의 장제목을 선정한다. 일부 장제목들은 경쟁 도서의 책 제목을 조금 변환하여 현재의 책 제목을 얻었다. 예를 들면 2장 및 3장 제목을 《배움을 돈으로 바꿔라》에서 벤치마킹하여 《지식과 경험은 어떻게 돈이 되는가》와 《지식과 경험을 돈으로 바꾸는 8가지 기술》로 변환하여 장제목으로 활용하였다. 물론 순수한 창작으로 만든 장제목도 있다. 얼마든지 기존 장제목이나 소제목에 창업과 관련된 용어를 넣어서 멋진 목차를 만들 수 있다. 이들 중에 독자들에게 매력을 끌만한 장제목들을 선택하면 된다.

지식창업을 준비하려는 직장인이나 창업자들을 정확히 타깃팅하여 그들의 입장에서 발생할 문제들과 필요한 것, 갈망하는 것, 지금의 현 상태와 현 상태에서 지식창업을 위해 해야 할 일 등을 브레인스토밍 식으로 나열한다.

문제 제기-해결형 기법이든, 시간적 전개형 기법이든, 키워드 나열형 기법이든 구조적 전개형 기법이든 브레인스토밍을 하여 목차들을 선정한 다음 4가지 기법 중 자신의 취향이나 성격에 적합한 기법을 선택하여 이를 적절하게 나열하면 목차가 완성된다.

다음은 《4차 산업혁명 시대 지식창업을 하라》의 목차들을 선정하기 위하여 브레인스토밍 기법을 활용한 사례이다.

1. 예비창업자, 창업을 위한 퇴직 예정자들이 어떤 문제를 가지고 있는가(1장)
2. 그 문제를 해결하기 위해 어떻게 할 것인가(2장)
3. 그들이 갈망하고 원하는 것은 무엇인가?(1장)
4. 직장생활을 계속한다면 어떤 문제가 발생할 것인가(1장)
5. 창업자금문제를 해결하기 위해 어떻게 할 것인가(2장)
6. 어떤 창업을 선택할 것인가? 직장 경험과 지식은 모두 버릴 것인가? 활용할 것인가?(3장)
7. 창업을 한다면 어떻게 준비할 것인가?(2장)
8. 현 직장에서 준비한다면 어떻게 할 것인가?(3장)
9. 창업을 준비해서 어느 시기에 그만둘 것인가?(2장)
10. 어떻게 창업을 성장시키고 평생직장으로 할 것인가?(4장)
11. 어떻게 현 직장생활을 꿈을 갖고 즐겁게 할 것인가?(1장)
12. 내 꿈은 무엇이고 그 꿈을 창업을 통하여 실현시킬 수 있는 것인가?(5장)
13. 이러한 창업은 내게 경제적인 부와 자유를 줄 수 있는 것인가?(5장)
14. 내게 어울리고 내가 하고 싶고 내 자존심을 세울 수 있는 창업인가?(5장)
15. 내 인생의 목표와 꿈은 무엇인가?(5장)
16. 내가 잘하는 것은 무엇인가?(3장)

창업을 위해 해결해야만 할 문제들은 직장생활을 하면서 창업을 꿈꾸는 사람들과, 이미 퇴직하고 창업을 하려는 사람들도 똑같이 봉착하는 문제다. 또한 직장생활을 하면서 결코 부자가 될 수 없다는 것과 자신의 시간이 직장의 업무시간으로 구속되어 자유롭게 쓸 수 없다는 것을 알 것이다. 이렇게 나열된 문장들 속에서 문제 해결을 중심으로 독자들에게 호소력이 크고 가슴에 와닿는 문장을 선택하여 장제목으로 활용한다.

이러한 유형을 선호하는 성격유형은 '나'를 분석하는 기술에서 확인한 것처럼 에니어그램 성격분석에서 성취자형이나 지도자형이 될 수 있다. 그들은 성격이 급하고 의욕적이며 열정적이고 리더십이 있어 문제를 제기하고 이를 해결함으로써 자신의 성과 창출을 기뻐한다. 이들은 기억에서 관련된 사건들을 끄집어 낼 때 성공한 사건 혹은 행복했던 일들 위주로 이 방식을 활용하여 목차를 정한다면 책쓰기가 훨씬 수월할 것이고 베스트셀러를 쓸 확률도 높다.

2) 시간 전개형 기법

시간 전개형 기법은 대체로 일이 진행되는 순서나 시간 흐름으로 일이 개선되거나 성공, 혹은 발전 형태로 진행하면서 이를 순서대로 나열한 것이다. 따라서 우리에게는 제일 친근하고 익숙한 기법이다. 에니어그램 성격분석에서 대체로 모범가이면서 충성가 유형이나 문제 발생을 원하지 않는 중재자형이 이 기법을 활용하면 책을 쓰는 데 많은 도움이 된다. 사례를 보자.

[시간전개형 기법]

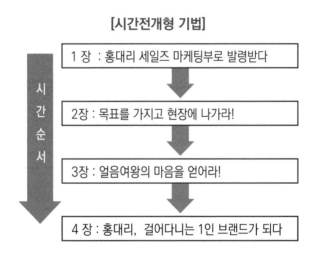

시간순서

1 장 : 홍대리 세일즈 마케팅부로 발령받다

↓

2장 : 목표를 가지고 현장에 나가라!

↓

3장 : 얼음여왕의 마음을 얻어라!

↓

4 장 : 홍대리, 걸어다니는 1인 브랜드가 되다

신윤순 작가의 《세일즈 천재가 된 홍대리》는 시간 전개형 기법을 사용하고 있다. 1장은 홍대리가 업무보직순환규칙에 따라 기획부로부터 세일즈 마케팅부로 발령 나면서부터 시작한다. 아웃도어 의류전문회사의 기획부 소속으로 제품개발에 몰두하던 홍 대리는 어느 날 회사의 순환근무 원칙에 따라 세일즈마케팅부로 발령이 나자 강한 불만을 품고 회사를 그만둘지 고민한다. 2장은 이러한 불만 상태에서 홍대리는 '사람은 누구나 자신을 세일즈하면서 살아간다'는 말에 충격을 받는다. 세일즈에 감동되어 억대 연봉이라는 목표를 세우고 대리점 현장에 나가서 책상머리에서는 결코 배울수 없는 사건들을 경험한다. 3장은 백화점 입점에 여러 번 도전하지만 실패한다. 하지만 홍대리는 다시 실패 원인을 분석하고 세일즈계의 미다스손이라 불리는 베테랑 신미라 원장으로부터 조언을 받아 백화점 업계의 얼음여왕 유니버스백화점 한실장의 마음을 얻어 백화점에 입점을 하게 된다. 4장은 세일즈라는 일의 진정한 의미와 가치, 직업으로서의 매력을 깨달아간다. 틈만 나면 부정적인 생각에 시달리고 자신감이 없던 홍 대리는 이 과정을 통해, 어느새 몇 달을 기다려서라도 고객을 설득시키는 현장전략가로 거듭나며 아우로를 아웃도어 1위 업체로 끌어올린다. 실적달성뿐 아니라 인간관계의 소중함을 뼈져리게 느끼고 세일즈의 매력에 푹 빠진 홍 대리, 1년 만에 정식으로 세일즈 마케팅부서로 옮겨 억대 연봉 달성

에 성공하고, 세일즈 강연자로 맹활약하는 프로 세일즈맨으로 거듭
나게 된다. 마침내 홍대리는 세일즈의 천재 전문가가 되어 1인 브
랜드의 대명사가 된다.

3) 구조 전개형 기법

구조 전개형 기법은 각 장들이 서로 연계되어 전체 구조를 이룬
다. 특정 생각이나 철학, 신념 등을 기반으로 구조적으로 장제목을
전개해 나가는 기법이다. 예를 들면 1장은 세일즈 방식에 대한 철학
혹은 신념이 마치 집의 기초나 기반처럼 역할을 하고 이 기반 위에
2장과 3장은 기둥과 지붕 역할을 하는 형식을 갖는다.

다음은《나는 자본 없이 먼저 팔고 창업한다》의 장제목 구조이다.
1장은 창업 성공을 위해서 세일즈 정신이 기반이 되고 2장은 이를
핵심으로 마음의 의지를 통하여 사고방식을 철저히 바꾼다. 3장은
이 세일즈 정신을 기반으로 행동할 것을 주장한다. 즉 정신, 마음,
행동(실천)이 각 장으로 연결되어 구조적 형태를 띠고 있다. 이 구
조 형태는 창업의 여러 가지 실패나 난관 등 문제를 해결하고 창업
을 성공으로 이끌게 된다.

이 방식은 구조적으로 문제 해결을 제시한다. 근본적으로 기존의
정신과 행동양식을 모두 철저하게 바꾸는 것을 강조한다. 기존 삶

의 틀이나 사고방식 자체를 바꾸도록 설득하고 문제를 해결하도록 주장한다. 따라서 구조적 방식은 논리적이고 명확하며 정확하다. 각 장별로 소목차들은 주위에서 일어나는 사건을 나열하여 문제를 해결하는 형태(사건나열 해결형)를 취하고 있다. 스스로 문제를 제기하고 설정한 이론과 적합한 사례를 들어 해결하는 방식을 취한다. 대체로 사색가 유형이나 개혁가 유형이 구조 전개형 기법을 선호한다. 그들은 논리적이며 체계적이다.

론다 번이 쓴《시크릿》도 장제목 구성에 구조 전개형 기법을 쓰고 있다. 장 구분은 안 되어 있지만 대체로 3장으로 나눌 수 있다. 1장은 끌어당김의 법칙이라는 우주의 원리를 밝힌다. 2장은 이 비밀을 활용하는 방법을 설명하고, 3장은 이 원리를 돈, 건강, 인간관계, 세상, 인생 등 세상의 여러 가지 문제해결방법에 적용한다.

[구조전개형 기법]

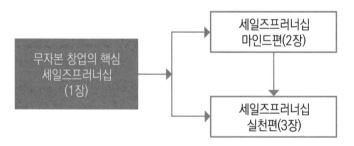

4) 키워드 나열형 기법

키워드 나열형 기법은 책의 주제와 관련된 키워드를 장제목으로 나열하는 기법이다. 이때 키워드를 중심으로 쉽고 공감이 가며 느낌을 줄 수 있는 짧은 문장을 작성한다. 물론 격언이나 명언 혹은 속담 등을 사용할 수도 있다. 그러한 말들은 삶의 지혜가 담겨있기 때문에 쉽게 공감이 간다. 소설이 주로 이 방법을 활용한다.

특히 자신의 인생에 대한 진솔한 스토리는 독자들의 시선과 관심을 쉽게 이끌어 낼 수 있다. 예를 들면 헤르만 헤세의《향수(Peter Camenzind)》의 목차를 보면 열풍의 계절, 뤼지 기르타너, 첫 시련, 우정을 찾는 주신, 마음의 형제들, 목가와 연가, 인간 연구, 귀향 등 8장으로 구성되어 있다.

우리는 성장기에 누구나 한 번쯤은 자신의 인생에 대하여 고민하고 방황한다. 이 소설에서 장제목은 인생의 스토리 중에 핵심적이고도 중요한 키워드를 중심으로 나열되어 있다. 키워드 나열형을 쓰고 있다. 성장소설이지만 자신의 인생 스토리를 허구와 사실을 섞어 스토리텔링 형태로 기술했다.

성장소설은 인생의 문제들을 가지고 고민하며 방황하는 형태를 취한다. 주인공은 고향을 떠나 성공하기 위해 대도시로 나온다. 그러나 그는 자신이 비난하고 경멸했던 고향마을 사람들에게서 순수함을 깨닫고 자연으로 귀의하듯 고향을 그리며 되돌아간다는 이야기들로 채워져 있다. 성장소설은 시간적 흐름을 기본으로 하지만 그것에 크게 구애를 받지 않는다. 시간의 흐름 속에서 중심 키워드를 찾아내 장제목으로 배열한다.

김난도의 《아프니까 청춘이다》 역시 장제목을 구성하는데 키워드 나열형 기법을 활용하고 있다. 책 제목과 관련된 핵심 키워드들을 나열하여 장제목을 구성하고 있다. 또한 선정된 장 제목들은 여러 개의 소목차들 중에서 하나를 선택하여 활용했다. 예를 들면 1장은 눈동자와 답, 2장은 바닥, 3장은 기적, 4장은 내일이라는 장제목의 키워드를 활용하고 있다. 이러한 장제목의 키워드들은 《아프니까 청춘이다》라는 책 제목과 모두 관련성이 있음을 알 수 있다. 물론 키워드 나열형을 전개하면서 사태의 진전이나 해결, 성공의 목표를 달성한다.

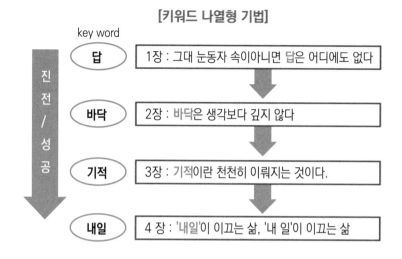

[키워드 나열형 기법]

key word

진전/성공

답 → 1장 : 그대 눈동자 속이아니면 답은 어디에도 없다

바닥 → 2장 : 바닥은 생각보다 깊지 않다

기적 → 3장 : 기적이란 천천히 이뤄지는 것이다.

내일 → 4장 : '내일'이 이끄는 삶, '내 일'이 이끄는 삶

　

책은 주제와 목차와 내용으로 구성된다. 특히 독자는 제목과 목차에서 자신의 문제를 해결할 메시지나 공감을 느낀다면 기꺼이 책을 들고 카운터로 가서 지갑을 열 것이다.

키워드 나열형 기법은 대체로 창의적이며 개인주의가 강한 예술가 유형이나 상상력이 풍부한 낙천가 유형이 활용한다면 많은 도움이 될 것이다.

04 소목차를 구성하는 3가지 핵심기술

독자들이 책 제목에 관심을 갖고 책을 집어 들었다면 이번엔 표지를 열고 장제목과 소목차를 훑어볼 것이다. 따라서 소목차는 결정적으로 독자들로 하여금 지갑을 열게 하는 목차를 구성해야 한다. 한 개의 장제목은 대체로 8개의 소목차로 구성된다. 소목차 한 개의 원고 분량은 대략 A4용지 2장 정도로 작성한다. 2장 이상을 넘기면 독자들이 읽어나가는 데 지루한 감을 느낀다. 물론 스토리텔링 형태로 재미의 긴장도를 계속 이어간다면 분량에 제한을 받지 않을 수도 있다.

일부 소설이나 에세이, 다큐멘터리를 제외한 대다수 책들은 우리의 삶이나 인생에서 발생할 수 있는 문제들을 해결해 주거나 지혜, 혹은 답을 주는 내용들로 구성되어 있다. 따라서 우리가 책을 쓸 때는 자신의 인생에서 지식이나 경험, 기술에서 예상 독자들의 삶의 문제나 인생의 문제를 공감하거나 해결해 줄 수 있는 내용들을 담아야 한다. 대다수 책들은 소목차를 해결형 기법으로 구성한다.

한 장내 다수의 소목차를 구성할 때 브레인스토밍을 통해 도출되었던 제목들을 소목차로 사용하기도 하고 경쟁 도서를 참고해 작성하기도 한다. 이때 한 장내 다수의 소목차는 서로 유기적인 관계를 갖는다. 소목차 구성방법도 장제목을 구성하는 방법과 유사하지만 조금 다르다고 할 수 있다.

소목차를 구성하는 방법에는 3가지 핵심 기술이 적용된다. 이 기술의 기반을 이루는 것이 독자의 문제를 해결하는 방식이다. 문제들은 바로 우리의 생존 목적인 '안정성의 욕구' 즉 생존의 욕구로 귀결된다. 이것은 STP 도구의 핵심 개념이며 '원자의 본능'이기도 하다. 따라서 이러한 문제 해결 방식을 책의 목차로 풀어내야 한다. 이때 소목차를 구성하는 3가지 핵심 기술을 활용한다. 이 기법들은 사건나열 해결형, 점증적 해결형과 시간적 해결형으로 설명할 수 있다.

1) 사건나열 해결형

관련된 사건들을 나열하여 문제를 해결하는 기법이다. 자신의 경험이나 지식, 기술이 포함된 사건들을 문제 해결을 위해 기억이나 관련 자료에서 발췌하여 나열하는 방식이다.

다음은 《아프니까 청춘이다》의 4장 〈'내일'이 이끄는 삶, '내 일'이 이끄는 삶〉의 10개 소목차들이다. '내일'은 동일한 단어이지만 띄어쓰기가 상당한 뉘앙스를 암시한다. 목차의 이런 전개는 금방 독자의 시선을 끌 수 있다.

각 소목차들은 서로 연결성이 없이 개별 사건의 스토리들을 나열하고 있다. 또한 장제목은 소목차들 중에 임팩트가 강한 소목차를 선택하여 장제목으로 활용하고 있다. 이럴 경우 각각의 소목차들 간의 우선순위나 시간적 순서나 점증적 관계는 거의 없다.

사건나열 해결형은 예비 작가나 초보 작가가 활용하기에는 쉬운 기법이다. 하지만 독자에게 주는 임팩트는 각 사건별로 분산되기 때문에 효과는 다소 떨어진다. 이 기법은 스토리의 연속성이나 효과의 집약도나 점증적 효과가 분산되기 쉽다. 따라서 각 소목차는 공감도나 흡입력은 강하지만 전체적인 총합의 효과가 떨어지기 때문에 다 읽고 난 후에는 깊이 남는 게 없이 아리송한 경우가 많다. 하지만 독자들은 부담감이나 압박감 없이 쉽게 읽을 수 있다.

[사건나열- 해결형]

4 장 : '내일'이 이끄는 삶, '내 일'이 이끄는 삶

내가 내린 결정으로 삶을 인도하라

'내일'이 이끄는 삶, '내 일'이 이끄는 삶

찌질이 알파들

대학은 그대에게 결승선인가, 출발선인가?

스펙이 아닌 그대만의 이야기를 만들어가라

20대, 돈보다 중요한 것

우리에게 대학이란 무엇인가

일단 기차에 올라타라

교정을 나서는 그대에게

나에게 쓴 편지 – 인생의 정점을 생각하다

서로간에 연결성은 없지만 전체가 4장 목차에 연결되는 효과를 낸다

소목차 간의 연결 관계나 서로 간에 시너지 효과가 크지 않고 부담감을 주지 않기 때문에 베스트셀러가 되기에도 쉽다. 각 소목차별 스토리들이 주는 공감과 효과가 크고 이러한 기술을 발휘할 능력이 된다면 그 책은 《아프니까 청춘이다》처럼 베스트셀러가 될 수 있다.

스토리텔링 소설이 대개 이러한 구조를 이루고 있다. 각각의 스토리는 베스트셀러 6단계 기술을 적용하면서 관련이 없는 듯한 수백 가지의 흥미 있는 사건들을 나열하여 이야기를 풀어나간다. 하지만 소설의 전체 이야기는 은유와 암시 혹은 비유 형태로 극적인 효과

를 거두기도 한다. 결과적으로 이 모든 이야기들이 모여서 인생이
라는 근본적인 문제를 해결해 나간다. 신경숙의 소설 《엄마를 부탁
해》가 이러한 형태를 취한다.

2) 점증적 해결형

점증적 해결형 구성은 한 장내의 소목차들이 서로 연결되어 있
다. 목차가 거듭될수록 계단을 오르듯 점증적으로 해결책이 제시되
는 것을 의미한다.

사례는 《4차 산업혁명시대 지식창업을 하라》의 2장〈지식과 경험
은 어떻게 돈이 되는가〉의 소목차들이다. 각 소목차는 지식과 경험
이 돈으로 창출될 수 있는지를 언급하며 그에 대한 스토리를 풀어
나가고 있다. 따라서 소목차들은 개별 사건들을 나열하고 있지만
읽어 나갈수록 자신의 지식과 경험을 가치로 만들 수 있는 느낌과
공감이 점차 누적된다. 독자들은 소목차들을 읽어 나갈수록 자신의
지식과 경험이 일회성이 아니라 인터넷 플랫폼을 만들어 지속적으
로 수입을 창출할 수 있음을 실감한다.

사례의 소목차들을 보면 첫 번째 소목차는 지식과 경험은 어떻게
돈이 되는가 질문을 던진다. 두 번째는 이러한 수입을 직장이나 취
미에서 만들라고 조언한다. 세 번째는 지식과 경험으로 콘텐츠를

만들고 이 기술을 터득하라고 조언한다. 마지막에는 지식과 경험을 인터넷 플랫폼에 연결하여 평생직장을 만들 수 있는 지식창업으로 연계시키라고 주문한다. 소목차를 거듭할수록 지식과 경험으로 수익을 창출하고 나아가 지식창업가가 되고 직장에 구속받지 않는 평생직장으로 연결될 수 있음을 시사한다.

[점증적 해결형]

2장 : 지식과 경험은 어떻게 돈이 되는가
01 지식과 경험은 어떻게 돈이 되는가
02 지식창업은 직장이나 취미에서 시작하라
03 지식과 경험과 감정으로 콘텐츠를 만들어라
04 지식과 결험을 돈으로 바꾸는 기술을 익혀라
05 지식, 경험, 노하우, 취미가 자본이다
06, 소비자가 아니라 생산자가 되라
07 당신의 지식과 경험을 팔지 말고 사게 하라
08 지식과 경험을 인터넷 플랫폼으로 연결하라

서로 연결하여 시너지효과를 낸다 점증적으로 지식 창업의 필요성을 느낀다

소목차별 지식창업이라는 메시지는 서로 긴밀하게 연결되어 있으며 연계 시너지를 통하여 지식창업을 강조하고 있다. 소목차들의 내용들이 서로 유기적으로 연결되어 있진 않지만 '지식창업'의 주제를 강하게 드러내며 예상 독자들은 다음 장에서 지식창업에 대한 포괄적인 해결책 제시를 암시 받는다.

3) 시간적 해결형

한 장내에 소목차를 전개할 때 시간적 순서가 개입되어 점차 상황이 개선되거나 성공하는 목차나 열을 가리킨다. 사건은 《세일즈 천재가 된 홍대리》의 1장 홍대리가 세일즈 마케팅부로 발령이 나면서 시작된다. 발령 초기에는 영업에 대한 편견 때문에 절망과 부정적인 생각들이 지배하나 시간이 지날수록 점점 상황이 개선되는 소목차를 나열하고 있다. 홍대리는 부서나 조직원들과 적응해 나가면서 여러 가지 난관을 극복하며 세일즈의 전문가로 성장해 나간다.

[시간적 해결형]

1장 홍 대리, 세일즈마케팅부로 발령받다
　[세일즈의 절반은 자신감이다]
　생각을 지배하는 네거티브 난쟁이
　먼 희망, 가까운 절망
　대화가 필요해
　그녀에게만 있는 특별한 것
　"알 이즈 웰(All is well)"
　세일즈가 당신을 힘들게 할 지라도
　믿음의 왕
　그래, 해보는 거야!
　초보가 베테랑을 이기는 유일한 방법
　절실하게 원하는 한 가지
　상대를 자신의 영역으로 끌어들이는 두가지 방법
　상대의 마음을 여는 세일즈
　먼저 자신을 세일즈 하라

1장내의 소목차들이 시간이 지남에 따라 문제가 해결되는 형태로 배열되어 있다.

목차들을 보면 홍대리는 발령 초기에 부정적이고 비관적인 마음의 소리에 지배되어 좌절한다. 하지만 시간이 지남에 따라 세일즈 코칭인 신미라 원장으로부터 조언을 받는다. 또한 오랜 친구이자 초등학교 동창인, 신발가게를 운영하는 은서로부터 세일즈 정신을 배운다. 홍대리의 정신은 포지티브 자이언트가 되어 자신감과 열정으로 무장하고 억대 연봉이라는 목표를 세운다. 마침내 아웃도어 의류 전문 업체인 아우로의 최고 세일즈맨이 된다.

05 전체 목차를 리뷰하는 검증 기술

  독자들의 책 구매는 목차에서 결정이 된다고 볼 수 있다. 따라서 책 제목과 목차를 매력적이고 시선을 끌 수 있도록 작성하는 것이 중요하다. STP 분석과 경쟁도서 분석(R-STP)을 통하여 전체 목차를 작성했다면 지금까지 숙지한 목차 검증 기법을 통하여 다시 한 번 검증해보는 것이 좋다.

  저자가 서점에 갔을 때 과연 책 제목을 보고 시선을 사로잡는가, 시선을 사로잡았다면 책을 들고 앞날개 표지에 있는 저자의 프로필을 보는가, 그 다음 장제목을 훑어보는가, 독자가 설레는 마음으로 장제목을 골라서 마음에 드는 소목차를 고른 다음 페이지를 확인하고 해당 페이지로 가서 내용을 훑어보는가, 내용을 본 다음 더욱 몰입이 되어 서문을 꼼꼼히 읽어보는가, 그리고 마침내 꼭 필요한 책이라고 믿고 계산대로 가는가, 상상해보라. 이러한 상상이 든 다면 그것은 성공이다.

다음은 책의 전체 목차를 검증할 때 고려해야 할 요소들이다.

[목차 검증기법]

첫째, 채 제목은 매력적이고 호기심을 끌만한가?

둘째, 장목차, 소목차는 재미이고 쉽게 표현되었는가?

셋째, 장목차 구성은 특정 기법을 적용하고 있는가?

넷째, 핵심주제는 표현이 정확하고 간결한가?

다섯째, 소목차 구성은 내용을 잘 나타내는가?

여섯째, 목차들이 너무 길거나 어렵게 표현된 것은 없는가?

일곱째, 소목차 구성은 특정 해결형 기법을 적용했는가?

여덟째, 독자들의 눈높이에 맞추어 작성하였는가?

아홉째, 못차를 읽으면 쉽게 공감하고 느낌이 오는가?

열째, 목차는 내용을 읽도록 끌어들이는가?

사례 1 《영어 천재가 된 홍대리》의 목차 구조

직장생활을 하는 대다수 직장인들은 영어에 대한 불안감을 가지고 있다. 영어는 단기간에 정복이 안 될뿐더러, 특히 직장생활을 하면서 영어를 정복하기란 쉽지 않다. 영어는 승진할 때마다 거쳐야 할 관문이며 직급이 높아질수록 그 중요성이 커진다. 따라서 직장인들은 영어 정복에 대한 해결책을 얻고 싶은 욕구가 크다.

이 책은 영어 학습법에 관한 내용을 다루고 있는 책이다. 영어는 공부가 아니라 훈련이다. 책상에 앉아 단순 암기를 하거나 이론적 전개를 하는 시험과목이 아니라 일종의 운동과 같이 꾸준히 '트레이닝'해야 변화할 수 있는 언어라고 말한다. 또한 우리 주변에서 흔히 볼 수 있는 직장인 홍대리의 모습을 통해 영어학습에 성공하는 방법을 스토리텔링 형태로 소개하고 있다. 다음은 《영어천재가 된 홍대리》의 줄거리다.

주인공 홍 대리는 해외 수출업무를 하면서도 항상 영어에 자신 없어 하고, 주어진 일은 성실하게 해낸다. 하지만 결코 먼저 적극적으로 나서서 일을 한다거나 새로운 일에 도전하고 싶은 생각이 없는 소극적이고 소심한, 우리 주변에서 흔히 볼 수 있는 직장인이다. 그렇게 평범한 홍 대리는 6개월이라는 짧은 시간 안에 영어로 의사소통을 해야만 살아남는 상황에 처하게 된다. 그는 멘토 박 코치를 만나게 되고, 1,000시간 영어 훈련법을 소개받는다. '내가 할 수 있을까?' '과연 1,000시간을 공부하면 말문이 트일까?' 이런 갈등과 고민을 할 겨를도 없이 생존을 위해 박 코치가 제시하는 열 가지 미션을 수행해가면서 서서히 변화되어 가는 자신을 느끼게 된다. 평소에 듣지 않던 영어로 된 연설문을 듣고, 따라 하고, 그냥 흘려듣기만 하던 팝송도 가사를 음미하면서 듣게 되고, 3명의 영어 고수를 만나면서 그들이 어떻게 공부했는지, 어떻게 슬럼프를 극복했는지 배우게 된다. 또 30명의 외국인과 대화를 하면서 외국인 앞에서 항상 위축되었던 자신감을 회복하고, 평생 시달리던 영어 울렁증을 극복하게 된다. 뚜렷한 목표를 가지고 1,000시간 영어 훈련법에 도전해보라. 결국 영어를 정복하게 된 홍대리의 이야기를 통해서 영어를 학습하는데 도움을 얻을 수 있다. 또한 영어 극복으로 더 큰 꿈을 꾸고, 그것을 실현시켜 나가는 데 필요한 확실한 수단을 확보할 수 있을 것이다. [예스24 제공]

제목 : 영어천재가 된 홍대리
부제 : 6개월 만에 영어천재가 된 홍대리의 특급비밀 → **빅메세지**

1장 홍 대리는 영어울렁증
- ☐ 위기는 예고없이 다가온다 → **장목차(메세지)**
- ☐ 위기는 곧 기회다? → **소목차(메세지)**
- ☐ 영어 멘토를 찾아서
- ☐ '와이디든'과 '와든'의 차이를 알다
- ☐ 영어, 최소 열번은 찍어야 넘어온다

연결

1장은 홍대리가 영어로 인하여 어려운 상황에 처한다. 문제가 제기 된다

문제제기

2장 홍 대리 VS 박 코치
- ☐ 왕팀장, 홍 대리 꼼수를 눈치채다
- ☐ 산을 넘으니 바다가 기다린다
- ☐ 쉬운 길로 가면 큰일 나나?
- ☐ 홍 대리, 박코치에게 무릎을 꿇다

연결

2장은 1장의 문제제기에 대한 해결책으로 박코치를 만나는 것으로 구성되어 있다.

대안제시
(어떻게)

3장 홍 대리, '1,000시간 영어 훈련법에 돌입하다'
- ☐ 1,000시간을 확보하라
- ☐ 미션 1, 브라이언 트레이시를 만나라!
- ☐ 미션 2, 스티브 잡스와 친해져라!
- ☐ 미션 3, 세명의 고수를 만나라!

연결

3장은 **구체적으로 세부적인 해결기술을 제시**하고 미션을 수행하는 내용으로 구성된다.

해결기술
제시

4장 홍 대리, 귀가 뚫리고 입이 열리다
- ☐ 미션4, 소리영어의 그릇을 만들어라!
- ☐ 미션5, 팝송은 매일 먹는 영양제
- ☐ 미션6, 마지막 강의를 들어라!
- ☐ 미션7, 외국인 30명, 그들과 친해져라!

연결

4장은 3장의 해결책을 **지속적이고 성공적으로 유지할 수 있는 기술 혹은 방법들**을 제시하고 있다. 마침내 홍대리는 영어를 정복할 수 있는 방법을 터득한다.

대안제시
(어떻게)

5장 영어는 커뮤니케이션이다
- ☐ 미션8, 시트콤과 미드에 빠져라!
- ☐ 미션9, 배경지식을 쌓아라!
- ☐ 미션10, 영어로 싸워서 이겨라!
- ☐ 홍대리, 영어로 새로운 세상을 열다

연결

5장은 문제해결 후 더욱 **성공적인 방법이나 기술, 성공적인 결과, 습관등을 제시**하고 있다.

《영어 천재가 된 홍대리》의 책 제목과 〈6개월만에 영어천재가 된 홍대리의 특급비밀〉이란 부제는 매력적이고 단번에 호기심을 끌만하다. 표현은 정확하고 간결하며 목차 구성은 책의 내용을 잘 나타내고 있다. 또한 전체 목차를 읽으면 쉽게 공감이 온다. 장제목 구성은 문제제기-해결형 기법을 쓰고 있으며 각 장의 소목차 구성은 사건나열 해결형을 쓰고 있다.

사례2 《4차 산업혁명시대 지식창업을 하라》의 목차구조

아래 그림은《4차 산업혁명 시대 지식창업을 하라》의 전체 목차이다. 〈지식과 경험을 돈으로 바꾸는 창업을 하라〉 부제는 지식과 경험을 어떻게 돈으로 바꾸어 창업을 하는가라는 호기심을 일으킬만하다. 5개의 장제목은 문제제기-해결형의 목차로 구성되었다. 1장은 현재 직장인들의 문제가 8개의 소목차를 통해서 칼럼 형태로 구성되어 있다. 2장은 지식과 경험을 돈으로 바꾸는 방법이, 3장은 2장에서 언급한 방법을 구체적으로 실현하는 기술을 스토리텔링으로 표현하고 있다. 4장은 이러한 비법을 지속적으로 그리고 성공적으로 유지할 수 있는 방법들을 제시한다. 5장은 이를 기반으로 지식창업을 하고 부를 이루는 방법으로 구성되어 있다. 각 장내 7~9개의 소목차는 점증적 해결형의 구성을 취하고 있다.

부제는 매력적이고 호기심을 끌만하다. 책 제목과 장제목 그리고 소목차의 표현은 정확하고 간결하다. 목차 구성은 책의 내용을 쉽게 잘 나타내고 있어 창업에 관심 있는 독자라면 책을 구매할 마음을 가질 수 있다. 또한 전체 목차만으로도 쉽게 공감을 느낀다.

부제: 지식과 경험을 돈으로 바꾸는 창업을 하라 ──→ 빅메세지

1장 대한민국은 지식창업의 전성시대이다 ──→ 장메세지
소메세지

□ 01 대한민국은 지식창업의 전성시대이다
□ 02 지식창업은 무자본 창업이다
□ 03 1인 지식창업가로 홀로서기
□ 04 지식창업의 벽은 높지 않다
□ 05 직장 다니는 지금, 지식창업을 준비하라
□ 06 20년 벌어서 60년 먹고살아야 할 당신에게
□ 07 왜 지식창업가가 되어야 하는가
□ 08 3040에도 은퇴할 수 있다

연결

1장은 **왜 작가가 이 주제를 택했는가**에 대한 **문제제기**를 한다. 따라서 각 절은 문제제기를 하는 스토리로 구성한다.

문제제기

2장 지식과 경험은 어떻게 돈이 되는가

□ 01 지식과 경험은 어떻게 돈이 되는가
□ 02 지식창업은 직장이나 취미에서 시작하라
□ 03 지식과 경험과 강점으로 콘텐츠를 만들어라
□ 04 지식과 경험을 돈으로 바꾸는 기술을 익혀라
□ 05 지식, 경험, 노하우, 취미가 자본이다
□ 06 소비자가 아니라 생산자가 되라
□ 07 당신의 지식과 경험을 팔지 말고 사게 하라
□ 08 지식과 경험을 인터넷 플랫폼으로 연결하라

연결

2장은 1장의 문제제기에 대한 **해결책으로 어떻게 해야 하는가,** 로 구성되어 있다

대안제시
(어떻게)

3장 지식과 경험을 돈으로 바꾸는 8가지 기술

□ 01 지식, 경험, 스토리, 메시지를 융합하라
□ 02 차별화된 콘텐츠로 지갑을 열게하라
□ 03 고객을 유혹하는 책을 써라
□ 04 깨달음을 전하는 강사가 되라
□ 05 지식과 경험으로 교육프로그램을 만들어라
□ 06 블로그를 허브기지로 콘텐츠를 생산하라
□ 07 고객을 확장해주는 페이스북 마을을 활용하라
□ 08 고객을 SNS플랫폼으로 끌어들이는 5단계 핵심전략

연결

3장은 2장의 대안들에 대하여 **구체적이고 세부적인 해결기술을 제시**하고 있는 걸로 구성된다.

4장 | 지식창업으로 평생직장을 만드는 8가지 핵심 전략

☐ 01 자신의 스토리를 입혀 책을 써라
☐ 02 평생직장은 베스트셀러 책 쓰기에 있다
☐ 03 고객의 문제를 해결하는 목차를 구성하라
☐ 04 지갑을 열게 하는 소목차를 구성하라
☐ 05 독자의 마음을 사로잡는 책을 써라
☐ 06 수입 채널을 다양화 하라
☐ 07 지식창업 시스템을 선순환 시켜라(1)
☐ 08 지식창업 시스템을 선순환 시켜라(2)
☐ 09. SNS 플랫폼으로 평생직장을 만들어라

연결

해결기술
제시

4장은 3장의 해결책을 지속적이고 성공적으로 유지할 수 있는 기술 혹은 방법들을 제시하고 있다

2장 지식과 경험은 어떻게 돈이 되는가

☐ 01 지식과 경험은 어떻게 돈이 되는가
☐ 02 지식창업은 직장이나 취미에서 시작하라
☐ 03 지식과 경험과 강점으로 콘텐츠를 만들어라
☐ 04 지식과 경험을 돈으로 바꾸는 기술을 익혀라
☐ 05 지식, 경험, 노하우, 취미가 자본이다
☐ 06 소비자가 아니라 생산자가 되라
☐ 07 당신의 지식과 경험을 팔지 말고 사게 하라
☐ 08 지식과 경험을 인터넷 플랫폼으로 연결하라

연결

성공적
유지

5장은 문제해결 후 더욱 성공적인 방법이나 기술 성공적인 결과 습관등을 제시하고 있다.

사례3 《나는 자본 없이 먼저 팔고 창업한다》의 목차구조

《나는 자본 없이 먼저 팔고 창업한다》의 전체 목차이다. 우리는 창업을 생각하면 먼저 실패했을 때를 떠올린다. 실제로 창업은 성공률도 높지 않고 우리는 실패 사례를 신문과 뉴스를 통해서 혹은 지인을 통해서 자주 접하기 때문이다. 책 제목은 먼저 세일즈를 확보한 후에 창업한다는 것을 보여준다. 3개의 장제목은 세일즈프러너십이라는 개념(콘셉트)을 기반으로 구조적으로 목차를 전개해 나간다.

이 제목은 창업의 실패를 불식시킨다. 이미 제품과 판로가 확보되어 있으므로 거의 망할 수 없는 구조다. 여기에 부제 〈끝까지 살아남는 완벽한 창업전략, 세일즈프러너십〉은 성공을 전제로 이야기를 풀어나간다. 창업은 세일즈라는 것을 강조한다. 책 제목과 장제목 그리고 소목차들이 명확하고 확실하며 자신감이 있고 완벽한 사고 구조의 틀이 확립되어 있다. 여기서 실패란 없다. 소목차의 내용도 세일즈를 기반으로 한 성공사례와 기법들로 확신에 차있다.

책 제목과 부제 또한 매력적이고 단번에 호기심을 끌만하다. 표현은 정확하고 간결하며 목차 구성은 책의 내용을 잘 나타내고 있다. 또한 전체 목차를 읽으면 쉽게 공감이 온다. 장제목 구성은 구조적 전개형 기법을 쓰고 있다. 각 장의 소목차 구성은 사건나열 해결형을 쓰고 있다.

제목 : 나는 자본없이 먼저 팔고 창업한다
부제 : 끝까지 살아남는 완벽한 창업 전략, 세일즈프러너십 → **빅메세지**

PART1 무자본 창업의 핵심, 세일즈프러너십

□ 누가 살까 싶은 제품도 사는 사람은 분명 있다 → **장목차(메세지)**
□ 강의안 없이도 강의가 팔리는 사실에 주목하라 → **소목차(메세지)**
□ 롱런하는 사업가, 롱런하는 연예인의 공통점
□ 스타트업이 대기업처럼 창업하면 당연히 망한다
□ 무자본 창업가가 고객을 늘려가는 6단계 전략
□ 버터플라이인베스트먼트가 쎈 세일즈를 고집하게 된 이유
□ 선 세일즈에 대한 고정관념부터 과감히 부숴라
□ 선 세일즈를 일으키는 5가지 요소
□ 누구에게나 연봉 1억이 어렵지 않은 이유
□ 진짜 세일즈를 할 줄 아는 사람과 동업하라
□ 진정한 세일즈를 위해 무형의 상품부터 팔아볼 것
□ 4차 산업혁명 시대에 필요한 세일즈프러너십
□ 더해야 가치가 올라간다는 것은 엄청난 착각이다

1장은 창업을 하려는 사람은 앙트러프러너십(기업가 정신)처럼 먼저 세일즈프러너십으로 무장하도록 주장 한다

정신적 변화
(1장)

PART2 세일즈프러너십 마인드 편

□ 세일즈라는 단어가 덧씌운 생각의 한계
□ 말 많은 사람이 세일즈의 주도권을 잡을 수 없는 이유
□ 예외 없이 언제나 세일즈가 먼저다
□ 창업자라면 허락을 구하지 말고 용서를 구하라
□ 완벽한 상품을 만들고 싶으면, 완벽하지 않을 때부터 세일즈하라
□ 창업자의 확신을 강화시키는 선세일즈의 파워
□ 되는 걸 하려고 하지 말고 하는 걸 되게 만들어라
□ 창업자가 만나게 될 대표적인 4가지 고객 유형
□ 세상에 의미 없는 삽질은 없다
□ 100번 쓰기 신념화의 한계와 극복
□ 세일즈 능력을 극적으로 끌어올리는 상상력의 비밀
□ 마음의 평안과 매출의 미묘한 상관관계
□ 세일즈는 진짜 못하겠다는 창업자에게

2장은 창업자라면 항상 세일즈프러너십으로 무장하고 고객을 확보하는방법을 설명한다

PART3 세일즈프러너십 실전 편

☐ 50만 원짜리 연필, 정말 팝니다

☐ 제 값 받는 세일즈가 진짜 가치를 만든다

☐ 품질 좋게 만들고 싸게 팔면 결국 망한다

☐ 선 세일즈를 위해 초기에 신뢰를 구축하는 3가지 방법

☐ 결국 모든 사업은 세일즈가 먼저다

☐ 반드시 사게 만드는 비밀 4P 전략

☐ 고객의 머릿속에 그림을 그리게 하는 세일즈 노하우

☐ 고객이 지갑을 스르르 열게 하는 최고의 방법

☐ 실패제로 창업을 위해 염두에 둘 5가지 준비 사항

☐ 세미나 셀링에서 빠지기 쉬운 3가지 함정

☐ 세일즈자동화가 작동하는 100.100.100 법칙

☐ 데이터 분석과 A/B 테스트 그리고 세일즈

마음의 의지
(2장)

행동의 실천(3장)

3장은 2장의 마음의 의지
로 무장한 후 실천행동으로
옮기는 방법들을 설명한다

03

베스트셀러 표준틀을 익히는 기술

01 문단을 구성하는 표준틀을 반드시 기억하라

문단은 초고 문단틀을 구성하는 최소단위다. 문단을 구성하고 초고 문단틀을 설계하기 위해서 문단과 틀설계에 대한 개념을 정확히 이해해야 한다.

1) 문단이란?

초고를 구성하기 위해 표준틀은 문단에 대한 이해가 중요하다. 문단은 몇 개의 문장이 모여 하나의 중심 생각을 나타내는 글의 부분이다. 따라서 문단은 여러 개의 문장들로 구성되어 있다. 〈천재교육〉에서 문단을 아주 쉽게 설명한 자료가 있어 인용한다.

문단은 한자로 글월문(文), 층계단(段)이라고 한다. 글이 층계를 이룬다는 뜻이다. 영어는 패러그래프(paragraph)로서 나란히 쓴다는 것을 의미한다. 완결된 생각을 담은 문장들이 모여서 하나의 중심 생각을 나타내는 덩어리를 문단이라고 한다. 이러한 문단에는 몇 가지 특징이 있다.

한 문단에는 하나의 중심 내용이 있다.

또한 문단을 시작할 때에는 한 칸 들여 쓰기를 한다.

문단은 중심 문장과 뒷받침 문장으로 이루어진다.

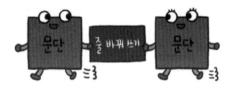

한 문단이 끝나면 줄 바꿔 쓰기!

예를 들어 '내 동생'이라는 주제로 한 문단을 쓴다고 하자. 한 문단에는 하나의 중심 내용이 들어가야 하기 때문에 '내 동생'과 상관없는 내용은 빠져야 더 올바른 문단이 된다.

내 동생이라는 주제로 한 문단을 쓴다면 위의 그림과 같다.

출처 :천재교육 http://www.chunjae.co.kr/

2) 초고 문단틀을 설계하는 기술

이제 문단에 대한 이해를 정확히 했다면 초고 표준틀을 이해하고 활용하는 데 훨씬 쉬울 것이다. 또한 글을 쓰는데도 그렇게 어렵지 않을 것이다. 대부분의 사람들이 글을 쓰려고 하면 이내 포기하고 다음과 같이 말한다.

"도대체 글을 쓰려고 노트북 A4용지를 대하는 순간 머릿속이 새하얗게 방전되고 말아요."

"무엇을 쓸지 엄두가 나질 않아요. 어떻게 하면 좋을까요?"

"처음에 두 줄 정도 쓰다가 이내 노트북을 덮고 말아요."

글을 쓰는 대다수 사람들이 겪는 고통이다. 하지만 이러한 고통은 이 장에서 배울 칼럼을 구성하는 표준틀을 기억하면 이내 사라진다. 집을 지으려고 할 때 설계도가 없다면 또한 설계도를 작성하는 것이 어렵다면 집을 짓는 것은 고통이다. 하지만 설계도를 그리는 기법을 안다면 쉽게 설계도를 그릴 수 있다. 멋진 집은 쉽게 지을 수가 있다. 소목차별 초고 문단틀을 구성하는 것은 앞으로 쓸 초고를 설계하는 것과 같다. 다음 그림은 한 칼럼을 구성하는 7개의 문단 요소들이다. 이 문단 요소들을 적절히 혼합하여 초고를 작성한다면 설계도는 쉽게 작성되어 어려움은 없다.

다음 그림은 한 개의 소목차를 쓸 때 주로 사용하는 7개의 표준 문단이다. 7개의 표준 문단은 서론에 해당하는 상황 설정, 생각/의견,

사례, 이미지 또는 동영상(e-book), 클라이맥스, 결론 문단 등으로 구성된다. 이러한 6개의 문단 요소들 중 3~4가지를 서로 뒤섞어서 활용할 수 있다. 메시지는 문단 요소가 아니므로 제외될 수 있지만 글을 읽고 나면 드러나는 요소이다. 따라서 글을 다 읽은 후에도 메시지가 떠오르지 않거나 메시지를 공감하지 못한다면 그 글은 좋은 글이라고 할 수 없다.

[소목차를 구성하는 7개의 문단틀 구성요소]

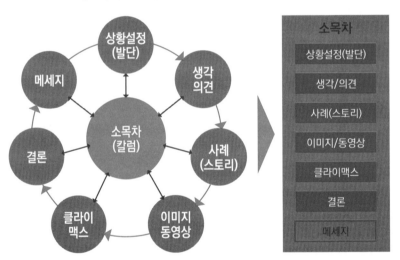

대체로 소목차의 초고는 상황 설정 문단과 두세 개의 사례, 두세 개의 생각/의견, 이미지와 동영상, 클라이맥스, 결론 문단 등으로 이루어진다. 이러한 생각을 염두에 두어 한 칼럼을 기획하면 책쓰기의 큰 부담은 사라질 것이다. 또한 상황설정 문단기법과 결론 문단 기법을 숙지하여 활용한다면 A4용지 두 장을 채워야 한다는 압박감은 크게 줄어든다.

각 문단의 특성을 설명하면 다음과 같다.

첫째, 상황설정 문단은 스토리를 전개하기 위하여 도입하는 부분이며 첫 문단에 해당된다. 4장 〈술술 읽히는 문단을 쓰는 기술〉에서 '독자의 마음을 끌어들이는 8가지 첫 문단 작성 기술'이 있다.

둘째, 생각/의견문단은 문단과 문단 사이에 연결 역할을 하는 문단이다. 에세이 형태로 저자의 생각이나 의견이 반영된 문단이다. 연결문단은 사례와 사례를 매끄럽게 연결하거나 조화시키는 역할을 한다. 전체 칼럼의 스토리가 매끄럽고 논리적이거나 부드럽게 흘러가도록 윤활유 역할을 한다.

셋째, 사례 문단은 스토리나 본인 경험, 타인 사례, 유명한 사람들의 사례, 과학적 사실, 인용, 명언 및 속담 등이 해당된다. 따라서 사례 문단은 다양한 자료들을 활용할 수 있다. 사례를 어떻게 구성하느냐에 따라서 글의 내용을 풍부하고 재미있게 구성할 수 있다.

넷째, 요즈음은 시각적인 효과가 상당히 중요하므로 이미지 문단은 이미지나 사진 혹은 e-book이라면 동영상을 문단 중에 삽입할 수 있다. 이미지는 독자들의 시선을 끌고 내용의 이해를 돕거나 흥미를 끌 수 있다.

다섯째, 클라이맥스 문단은 스토리에 재미를 더하기 위하여 반전을 주거나 상황을 극적으로 호전시키거나 이야기가 절정에 이르는 문단을 말한다. 이 문단을 추가하면 글이 재미있고 스토리텔링의 묘미가 배가된다.

여섯째, 결론 문단은 독자에게 깊은 인상을 주기 위하여 독자들로 하여금 여운을 남기고 행동하게 만들거나 감동하게 만드는 결론 문단이다. 다음 장에서는 이러한 틀에 익숙해지기 위하여 베스트셀러 몇 편을 분석한다.

　예비 작가라면 소목차 하나를 샘플 원고로 작성하는 것이 좋다. 표준이 될 만한 샘플 원고를 작성해 놓는다면 그것을 표준으로 삼아 다른 소목차의 글을 수월하게 쓸 수 있다. 샘플 원고를 쓴다면 각 문단들 예를 들면 상황설정 문단, 사례 혹은 생각/의견문단, 이미지나 클라이맥스 문단, 또는 결론 문단들에 대한 콘셉트가 명확하게 설정되어 소목차를 구성하거나 내용들을 쓸 때 많은 도움을 받는다.

　특히 사례 문단은 글의 내용을 의미 있고 재미있게 이끌어 간다. 또한 독자들에게 감동과 재미를 준다. 사례는 글을 다양하게 전개하고 독자에게 풍성함을 선사하며 이해를 돕는다. 따라서 자신의 사례든 타인의 사례든 과학적 사실에 근거한 사례이든 신문의 내용이든 인터넷에서 가져온 인용 글이든 신화 혹은 전설이든 사례는 본론을 쉽게 쓰게 만들고 독자들로 하여금 지루하지 않게 한다. 대체로 사례는 소목차 당 2~3개를 활용하는 것이 좋다. 또한 사례를 배열할 때 나열형보다는 성공과 실패 사례를, 혹은 강도를 높이는 점증적 순서로 사례를 활용한다면 독자에게 주는 효과는 더욱 크다.

사례 1 《굿바이 게으름》의 1장 〈천의 얼굴을 한 게으름〉

[상황 설정-질문]

"당신은 게으릅니까" 누군가 이런 질문을 던진다면 뭐라 대답할 것인가? 이 책을 읽는 독자라면 '게으르다'는 쪽의 답이 더 많을지 모르겠다. 그런데 과연 어떤 사람이 게으른 사람일까? 사실 '게으름'이란 말은 지극히 상대적이면서 주관적이다. 게으르다고 느끼기 위해서는 게으르지 않는 비교 대상이 필요하기 때문이다. 또한 게으름에 대한 객관적 기준이란 것이 없기에, 삶의 에너지를 99퍼센트 쓰고 있는 사람이 1퍼센트 쓰지 않는 것을 두고 자신을 게으르다 여길 수 있고, 반대로 99퍼센트는 쓰지 않고 1퍼센트만 쓰는 사람이 자신을 게으르지 않다고 여길 수도 있다.

[생각/의견1]

실제로 나는 한동안 게으르다고 자책하며 살았지만, 나를 아는 사람들은 그런 이야기를 들으면 무슨 소리냐며 의아해했다. 그런가 하면 나의 동창 중 한 명은 학교 때부터 공부는 뒷전이고 노는 데는 선수인데, 한 번도 제 입으론 자신의 게으름을 탓한 적이 없다. 그는 물론 마음속으로도 자신이 게으르지 않다고 생각한다. 그는 나에게 늘 "인생 별것 없다! 기본만 해라!"라고 충고한다.

이렇듯 게으름에 대한 기준은 모호하고 사람마다 다르다. 게다가 언제부터인가 게으름을 예찬하는 책들이 등장하기 시작하면서 혼란은 더해가고 있다. 그렇다면 게으름의 정의부터 하고 넘어가는 것이 순서일 것이다. 게으름의 정의에 관해 본격적으로 이야기하기에 앞서 두 가지 사례를 먼저 살펴보기로 하자. 아래에 소개하는 두 사람 중에 과연 누가 게으른 사람일까?

[사례1]

(1) 끊임없이 공부하는 K씨

K씨는 5년째 행정공무원으로 재직하고 있다. 그녀는 처음부터 공무원이 자신의 적성에 맞지 않다고 생각했지만 장기적인 안정성을 고려해 이 직업을 선택했다. 하지만 5년 내내 남의 자리에 앉아 있는 것 같은 느낌을 지울 수가 없었다. 그녀는 서서히 자신이 말라죽어가고 있다고 느낀다. 마음 같아서는 공무원을 그만두고 한의학이나 심리학을 다시 공부하고 싶지만 험난한 현실적 과정을 생각하

면 어느새 그런 생각은 사라진다.

하지만 공무원에 대한 열의만은 대단하다. 그녀는 시간이 날 때 책을 읽는 것이 아니라 매일 규칙적으로 책을 읽는다. 그녀가 읽는 책은 그야말로 다양하다. 그녀는 늘 여러 분야에서 해박한 지식을 갖추려고 노력한다. 동료나 친구들과의 대화중에 잘 모르는 주제가 등장하면, 별로 관심을 없는 분야일지라도 꼭 관련 책자나 인터넷 정보를 찾아본다.

그런 그녀의 컴퓨터와 서류함과 책상에는 미처 소화하지 못한 많은 정보와 자료들이 산더미처럼 쌓여있다. 그녀는 끊임없이 무언가를 배운다. 좋은 강의나 자기계발 프로그램이 있으면 시간과 돈을 투자해서 쫓아다닌다. 벌써 2년 넘게 플래너를 작성하며 하루하루 짜임새 있는 일과를 보내느라 여념이 없다.

이런 열성적인 노력에도 불구하고 그녀는 늘 무언가 채워지지 않는 결핍감을 느낀다. 남에게 뒤처지고 있다는 열등감과 불안함도 느낀다. 그리고 무엇보다 그녀는 늘 자신이 게으르다고 생각한다. 그녀는 그럴수록 더욱더 시간 구두쇠가 되어간다.

[생각/의견2]

K 씨의 삶을 들여다보면 참 철두철미하다. 공부에 대한 열정과 노력은 혀를 내두를만하다. 하지만 아쉬운 점은 그 많은 노력에 초점

이 없다는 것이다. 그녀에겐 삶을 관통하는 어떤 키워드가 없다. 그녀는 과연 게으른 것일까? 게으르지 않은 것일까?

[사례 2]

(2) 사행성 게임에 빠져든 L 군

대학생인 L 군은 가족들에 의해 끌려오다시피 병원에 왔다. 집이 지방이라 혼자 자취를 하는 그가 병원에 온 사연은 이랬다. 그는 6개월 전부터 사행성 게임에 깊이 빠져들었다. 그러다 보니 갖은 핑계로 집에서 돈을 타 쓰게 되었고, 그것도 부족하여 한 학기 등록금을 다 써버렸다. 친구들에게 빌린 돈만 해도 상당한 액수였다. 성적이 곤두박질친 것은 당연지사였다. 뒤늦게 이를 안 집에서는 난리가 났다.

상담 시간에 그의 말을 들어보니 그는 삶과 미래에 대해 매우 회의적이었다. 그는 세상이 싫다고 했다. 남들이 만들어 놓은 틀에 맞추어 살지 않겠다고 했다. 그는 나이답지 않게 세상을 달관한 사람처럼 이야기했다. 아는 것도 많고 읽은 책도 많았다. 그는 어려운 노장사상과 니체까지 들먹이며 삶의 덧없음을 이야기했다. 그는 브레이크가 없는 현대인들에게 놀이와 게임이 필요하지 않느냐고 되물었다. 자신은 게임 중독에 빠진 것이 아니라 일부러 게으름을 피우는 것이라고 했다. 그는 자신이 언제나 마음만 먹으면 게임을 끊을 수 있다고 자신 있어 했다.

[생각/의견3]

L군은 염세주의자였다. 그는 이 사회에 대한 날 선 비판을 보여주었지만 어떠한 대안도 제시하지 않았다. 그저 세상이 싫을 뿐이었다. 거듭된 면담 과정에서 그는 자신에게 쏟아지는 부모의 과중한 기대를 벗어버리고 싶었노라고 말했다. 하지만 그는 효과적인 방법을 알지 못했다. 사행성 게임이라는, 자신을 파괴시키는 행위를 통해 부모의 기대와 욕심을 무너뜨리고 싶었던 것이다.

[결론문단]

두 가지 사례를 보았다. 누가 게으르고 게으르지 않은지 쉽게 구분이 되는가? 나는 두 인물이 모두 게으르다고 소개했다. 게으름을 판단할 때는 '삶에 방향성이 있느냐 없느냐'가 중요하기 때문이다.

[천의 얼굴을 한 게으름-문단틀 분석]

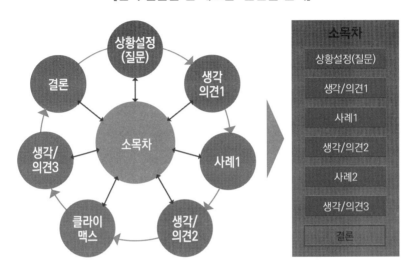

위의 두 가지 사례는 서로 상반되는 사례이다. 사례 1은 항상 목표 없이 이것저것 일들을 쫓아다니는 예이다. 매일 바쁘게 보내지만 목표에 대한 집중도는 없다. 자신을 위한 목표 자체가 없이 매일 바쁘게 생활하는 직장인 스타일이다. 반면 2번째 사례는 목표가 없이 오로지 게임에만 몰두하며 게으름을 피우는 경우이다. 두 가지 사례는 모두가 게으름의 대표적 사례이다. 첫 번째는 바쁜 게으름이고 두 번째는 여유 있는 게으름이다. 두 가지 사례 모두가 자신이 원하는 목표 없이 게으름을 피우고 있다는 메시지를 준다. 이 사례는 짧은 칼럼이지만 우리에게 신선하고도 반전의 미묘한 깨달음을 던져 준다.

사례2 《4차 산업혁명 시대 지식창업을 하라》의 〈지식창업은 무자본 창업이다〉

[상황설정문단-대화]

"저는 경험도, 자본도 없어요. 현재 사업 아이템도 없고요. 무얼 해야 할지 막막한 심정으로 왔습니다. 취업도 안 되고…"

창업센터를 내방한 40대 중반의 여성은 자리에 앉자마자 절망적으로 말했다.

"지식이나 직장생활 경험이 없어도 지식창업이 가능합니다. 지금부터 그것을 같이 찾아보도록 합시다."

"제 수준으로 창업이 가능할까요? 그건 사업자본이 있어야 하지 않나요? 저는 경영에 대하여 아무것도 몰라요."

1시간여 대화를 이어나갔다. 많은 것을 말씀해 주시면 문제를 해결하는 데 도움이 될 수 있다고 말했다.

[생각/의견문단]

그녀는 사업 아이템을 제안할 때마다 경력과 창업비용을 걱정하며 용기를 내지 못했다. 이혼 생활로 자존감도 많이 떨어져 있었다.

무자본 지식창업은 마음속의 자산을 반드시 자본화하는 과정이 필요하다. 이는 전적으로 '자신을 스스로 사랑할 만한 가치가 있는 사람'으로 인식하는 것이다. 이를 위해서는 자존감 회복이 중요하다. 자존감은 창업을 하는 데 있어 자신감과 자기 확신을 불러일으킨다. 자존감이 살아나지 않으면 자신의 마음속 무형 자산을 자본으로 인식하지 못한다. 자신의 가치를 인식하지 못하기 때문이다.

[이미지 문단]

(예비창업가와의 멘토링)

[사례문단-스토리]

그녀는 남편에 대한 감정을 가슴속에 묻어 두고 있었다. 검사를 마치고 자신의 상태를 이해하게 되자 편안해 보였다. 나는 버킷리스트를 검토하고 성격과 강점을 분석하여 창업 아이템을 추천하려고 했다. 꽃과 모발 서비스의 결합, 혹은 고양이와 모발 서비스의 결합이 적합할 것이라고 생각했다. 봉사자로서의 성격특성을 가지고 있는 그녀에게 적합한 분야라고 생각했다.

"센터장님의 얘기를 듣고 고민하다가, 고양이 관련 사업 아이템을 정했습니다. 제게는 10년 이상 된 고양이가 있습니다. 고양이에 대한 내용들을 찾아봤는데, 의외로 고양이를 키우는 사람들이 많았습니다. 책을 읽으면서 공감 되는 부분도 여럿 있었고, 나라면 이렇게 하겠는데, 라는 생각도 많이 들었습니다."

창업 아이템이 정해졌다. 그녀는 고양이를 너무도 좋아했다. 그동안 소외된 감정을 고양이와 함께 공감하고 교감했다. 표정이 밝아졌고 활기가 돌았다. 운 좋게 예비창업자를 대상으로 하는 무료교육이 다음 주부터 1달간 진행될 예정이었다. 그녀는 신청서를 간단히 작성해서 접수했다. 교육은 기업가정신과 비즈니스 모델 수립, 창업계획서 작성법, SNS 마케팅, 세무와 창업경진대회, 예비창업자를 1:1로 지도해주는 멘토링 등으로 이루어졌다. 교육 이수를 하면 여러 가지 정부 지원 사업에 가산점이 부여되었다.

그녀는 열심히 배웠다. 제일 먼저 나와, 제일 앞에 앉았고, 제일 늦게 남아 강사에게 여러 가지 질문을 했다. 열정은 그녀의 첫 번째 강점이었다. 그동안 열정을 억압하여 자신을 적극적으로 표현할 줄 몰랐다. 봉사자 성격 유형의 전형적인 특성이다. 하지만 이젠 자신을 당당하게 표현할 줄 아는 용기와 열정이 생겼다. 특히 고양이에 대해 자신감이 있었다. 두 달 과정의 교육을 마쳤을 때 그녀는 사업가로 변해있었다. 부족한 측면이 있었지만 10여 페이지나 되는 창업계획서를 스스로 작성했다. 고양이에 대한 사업 아이템의 니치마켓을 찾아내고, SNS 마케팅 계획을 수립했다. 디자인 직장 경험도 도움이 됐다. 스마트폰을 활용하여 고양이와 연계된 서비스를 발굴해냈다.

[클라이맥스문단]

교육 중에 창업진흥원에서 하는 마케팅 지원 사업 프로그램에 참여할 수 있는 기회를 얻었다. 선정이 되면 천만 원 내외의 마케팅 지원 금액이 제공된다. 외부 업체를 선택하여 SNS 마케팅 프로그램을 개발하고, 세금계산서와 함께 정부에 개발비용을 신청하면, 적격 여부를 판단해 돈을 지원해 준다. 지원을 받는 동시에, 센터에 입주하여 사무실 공간도 무료로 배정받는다. 그녀는 브랜드 개발과 SNS 마케팅 홍보, 그리고 전시회 부스 지원을 신청했다.

선정 통보 전날, 흥분되고 가슴 설레어 한숨도 못 잤다. 탈락이 두려워 딸에게 메일을 대신 열어봐 달라고 했다. 탈락됐다는 말을 들었을 때 그녀는 얼굴이 하얗게 변해 쓰러질 뻔했다. 딸이 엄마를 놀리려고 거짓말을 했다. 이 프로그램에도 선정되었다.

[결론문단]

그녀는 무자본으로 창업자가 되었다. 필요한 교육과 창업비용은 국가로부터 무료로 지원받았다. 고양이의 건강과 행동의 비밀, 발병 예방 및 보험과 고양이의 진화 등 재미있는 이야기를 페이스북, 네이버의 블로그, 카페를 연계하여 올리는 전략을 수립했다. 또한 고양이 관련 물품 및 영양정보 등을 지식 정보 서비스와 연계하여 스마트폰으로 서비스하는 비즈니스 모델 전략을 수립했다. 고양이 관련 기존 도서들을 분석하여, 카페와 블로그의 목차 분류도 체계적으로 수립했다. 정보가 쌓이면 책으로도 출간할 계획을 세워 카페의 그룹 체계를 분류해 묶었다. 공동 마케팅으로 캣투어(cat tour)도 진행할 계획을 세웠다. 단 2개월 만에 40대 중년 주부는 완전히 변해 있었다. 절망에 빠진 이혼녀에서 열정적인 지식창업 CEO가 되었다.

[지식창업은 무자본 창업이다-문단틀 분석]

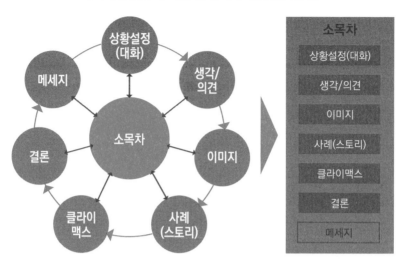

책쓰기는 기술이다. 베스트셀러를 쓰는 것은 탁월한 기술이다. '나'를 탐구하는 여행은 본질이다. STP는 이것을 현실 세계에 실현하는 도구로서 '나'에 대한 책을 쓰는 기술이다. 따라서 배워서 쓸 수 있다.

첫째 베스트셀러를 쓰기 위해서 스토리텔링 기법을 먼저 습득해야 한다. 스토리텔링이 우리에게 깊은 감동과 기억과 공감을 주는 이유는 생존을 위한 뇌의 구조 때문이다. 대부분 베스트셀러들은 깊은 공감, 혹은 감동적인 스토리로 구성된다.

세계적 베스트셀러인 조앤 롤링의《해리포터》이야기부터 신경숙의《엄마를 부탁해》, 에세이 형태인 김난도의《아프니까 청춘이다》,

잭 캔 필드의《마음을 열어주는 101가지 이야기》, 전기인 월터 아이작슨의 《스티브 잡스》까지 모든 내용이 자신 혹은 타인의 경험담 등을 에세이 혹은 스토리텔링 형태로 엮은 것이다. 이러한 문단 글에 쓰인 다른 사람의 삶을 통해 우리는 간접경험을 한다. 간접경험이 감동과 공감을 주는 이유는 삶의 통찰과 지혜, 공감 그리고 갈등으로 인한 긴장 고조 등이 인간의 생존에 흥미와 깊은 영향을 미치기 때문이다. 베스트셀러는 이 요소들이 문단으로 표현될 때 태어난다.

우리는 한의 민족이다. 우리 민족은 역사적으로 중국과 일본, 그리고 북방민족으로부터 외침을 받아 역사적 고난과 슬픔을 가지고 있다. 어느 민족이나 그러한 애환을 가지고 있다. 그것은 원자의 본능이며 '안정성 욕구'에 대한 좌절과 체념의 고통이자 슬픔이다. 단지 민족마다, 사람마다 정도의 차이가 있을 뿐이다. 특히 한민족은 백성의 70% 이상이 평민층 이하로 살아왔기 때문에 대다수가 비슷한 애환을 가지고 있다. 그들은 신분제도 하에서 평생 지주의 소작농으로 살거나 이마저도 없으면 이 산 저 산을 떠도는 화전민이나 산적으로 살아왔다. 그들에게는 체념과 한이 있다. 이것은 한민족의 독특한 원자의 본능이다. 우리가 체념과 좌절 속에서 끈질기게 생존을 유지해 온 저력이다.

박경리의 '토지'는 한의 삶을 스토리로 그려내고 있다. 그의 이야기는 우리의 가슴속에 있는 한의 정서를 자극하여 깊은 감동을 준다. 살기 위해 미운 짓만 골라 하는 이용의 아내 '임이 엄마'가 밉지 않고 공감을 주는 이유다. 궁극적으로 우리는 동병상련을 느낀다.

둘째 베스트셀러는 문장이 아니라 문단틀 구성에 있다. 우리는 글을 쓸 때면 멋지고 훌륭한 문장을 쓰겠다는 생각을 글쓰기에 앞서 떠올린다. 하지만 그런 생각은 글을 쓰는데 커다란 방해가 된다. 컴퓨터 앞에 앉아 텅 빈 A4용지를 대면하면 머릿속은 이내 얼어붙고 만다. 하지만 훌륭하고 재미있고 감동을 주는 글은 문장에 있는 것이 아니라 내용의 구성에 있다. 내용의 구성에는 글의 흐름과 메시지가 있다. 내용의 흐름은 우리의 감정을 끌어내어 롤러코스터를 타게 한다. 내용과 문단에는 감정이 깃들어 있다. 불안과 긴장, 기쁨, 슬픔, 고통, 두려움, 좌절과 의지가 숨어있다. 문장의 흐름은 이러한 감정의 변화와 기복을 만들고, 그 속에 숨어 있는 메시지는 인생에 대한 지혜와 통찰과 가르침을 준다.

우리의 뇌는 3층 구조로 되어있다. 폴 맥린은 특히 인간의 뇌에서 척추와 맞닿은 제일 아랫부분을 1층 생명의 뇌라고 하며 파충류의 진화단계에서 얻은 뇌를 말한다. 2층 뇌는 감정, 본능의 뇌로서 포유류의 진화단계에서 얻은 뇌를 말한다. 3층 뇌는 지(知)의 뇌로서 영장류의 진화단계에서 얻은 뇌이다. 여기에서 우리에게 가장 강한 인상과 기억을 남기는 것은 2층 뇌의 감정과 정서이다.

감정이 민감하게 진화된 이유는 우리의 생존과 직결되어 있기 때문이다. 기쁨, 즐거움, 자신감, 용기, 쾌락 등은 생존에 유리한 감정이다. 우리는 이것을 기억하여 자주 활용한다. 반면 고통, 슬픔, 아픔, 불안, 불쾌, 공포, 두려움 등은 생존에 불리한 감정들이다. 우리는 이런 감정들을 미리 알아차려서 위험을 피해야 한다. 위험은 생존 유지에 도움이 되지 않기 때문이다. 감정은 이러한 위험을 신속히 그리고 미리 느끼게 해주는 전령사이다.

감정 그 자체는 우리에게 무해하다. 그것은 미리 위험이나 위기를 알려주는 경고 장치이다. 우리로 하여금 미리 도망가거나 피하거나 대처하게 만든다. 이러한 양쪽의 감정들이 뒤섞여서 궁극적으로 생존에 유리하거나 불리한 감정들을 체험하면 우리의 뇌는 전율과 감동을 한다. 몸의 원자는 세포에 기억을 각인하는 것처럼 심하게 진동한다. 이 전율과 감동을 스토리텔링으로 깊게 느끼게 하는 것이 베스트셀러이다. 성공이나 행복을 위한 피나는 극복 스토리는 우리를 감동시킨다.

베스트셀러는 이러한 경험을 문단의 틀 형태인 글을 통하여 재생한다. 이것이 베스트셀러 책 쓰기 기술이고 그 기술은 스토리텔링을 기반으로 한다. 우리는 눈물을 흘리며 본 드라마나 영화는 한번이라도 쉽게 잊지 못한다. 하지만 통찰이나 지혜는 다시 한 번 되새

김질하지 않으면 금방 잊어버린다. 감정은 생존과 깊은 관련이 있고, 그것은 1층 뇌가 관장하는 생명 기관들에 직접적인 영향을 미친다. 두려움이나 공포 혹은 커다란 기쁨을 느끼면 우리의 신체는 크게 긴장한다. 감동으로 소름이 돋거나 공포로 긴장을 느낀다. 소화기관은 잠시 움츠러들고 근육들은 긴장하여 굳어버린다. 대다수 베스트셀러가 이야기로서 감동과 정서, 그리고 감정으로 우리 기억에 오래 남아 있는 이유다.

[인간의 뇌구조]

3층 지(知)의 뇌
2층 감정,본능의 뇌
1층 생명의 뇌

출처 : MBC스페셜 "일곱살의 숲"

다음 그림은 뇌의 작동원리를 활용하여 글의 흐름을 어떻게 가져갈 것인가에 대한 표준 문단 틀이다. 이것은 베스트셀러를 쓰는 스토리텔링 6단계 기술이다. * 마루야마 무쿠의 스토리텔링 7단계를 수정 사용

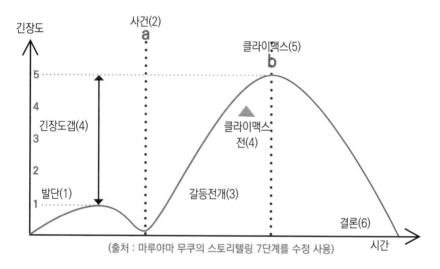

[베스트셀러를 설계하는 스토리텔링 6단계]

(출처 : 마루야마 무쿠의 스토리텔링 7단계를 수정 사용)

1단계, (상황설정, 발단) 등장인물을 상황에 던진다. 언제 어디서 누가를 독자에게 제시한다.

2단계, (사건) 클라이맥스에 관계되는 사건을 일으켜서 독자의 호기심을 자극한다.

3단계, (갈등전개) 등장인물은 상황을 호전시키거나 성공하려고 노력하지만 장애물로 번번이 실패한다.

4단계, (클라이맥스 전) 상황이 더욱 악화되어 등장인물은 극복하기 어려운 상황에 처한다.

5단계, (클라이맥스) 마침내 등장인물이 상황을 극복하기 위해 반전의 사건을 일으킨다.

6단계, (결론) 등장인물은 성공하거나 어려운 상황을 극복한다.

스토리는 이 과정을 독자로 하여금 뇌를 통해 간접경험을 하게 한다. 간접경험을 극적으로 만들기 위하여 스토리는 6단계 흐름을 갖는다. 그림은 긴장 갭(gap)이 4이다. 긴장갭이 클수록 재미가 있다. 다음 사례들을 보자.

사례1 《마음을 열어주는 101가지 이야기》의 〈나폴레옹과 모피상인〉

[상황설정, 발단]

나폴레옹이 러시아를 침공했을 때의 일이다. 끝없이 혹한이 몰아치는 작은 마을 한복판에서 그의 군대가 러시아 군대와 전투를 벌이고 있었다.

[사건]

밀고 밀리는 전투 속에서 나폴레옹은 그만 자신의 군대와 멀어지게 되었다. 러시아 코사크 군대가 그를 알아보고 맹렬히 그를 뒤쫓기 시작했다. 나폴레옹은 사력을 다해 도망치다가 뒷골목에 있는 모피상점 안으로 들어갔다.

[갈등전개]

숨을 몰아쉬면서 가게 안으로 뛰어든 니폴레옹은 모피 상인에게 애원했다.

"날 좀 구해 주시오! 난 지금 쫓기고 있소. 어디에 좀 숨겨주시오!"

모피 상인이 말했다.

"빨리 저 모피더미 속으로 몸을 숨기시오."

나폴레옹이 그리로 뛰어들자 모피 상인은 여러 겹의 모피로 나폴레옹을 덮었다. 곧바로 러시아의 코사코 병사들이 밀어닥쳤다. 그들은 문을 걷어차며 안으로 들어와서는 소리쳤다.

"어디로 숨었지? 이리로 들어오는 걸 분명히 봤는데."

모피 상인의 항의에도 아랑곳하지 않고 병사들은 나폴레옹을 찾기 위해 가게 안을 샅샅이 뒤졌다. 그들은 긴 칼로 모피 더미를 찔러봤지만 나폴레옹을 찾아 내지 못했다. 결국 병사들은 포기하고 떠났다.

잠시 후 나폴레옹이 모피 더미 아래서 기어 나왔다. 다친 데는 없었다. 이때 나폴레옹의 수비대가 가게 안으로 들어왔다. 모피 상인은 나폴레옹을 향해 돌아서더니 약간 망설이며 말했다.

[클라이맥스 전]

"당신처럼 위대한 사람에게 이런 질문을 하는 걸 용서하십시오. 하지만 꼭 알고 싶은 게 있습니다. 다음 순간에 죽을지도 모르는 그런 상황에서 저 모피더미 아래에 숨어있을 때 어떤 기분이 들던가요?"

나폴레옹이 벌떡 몸을 일으키더니 성난 목소리로 모피상인에게 소리쳤다.

"어떻게 나 나폴레옹 황제에게 그따위 질문을 할 수 있단 말인가! 병사들! 이 건방진 놈을 밖으로 끌어내 눈을 가리고 당장 총살하라. 내가 직접 발사 명령을 내리겠다."

[클라이맥스]

수비대는 가련한 모피 상인에게 달려들어 밖으로 끌어냈다. 그리고 벽에다 세우고는 눈을 가렸다. 모피 상인은 아무것도 볼 수 없었지만 수비대가 일렬로 서서 총에 장전하는 소리를 다 들을 수 있었다. 차가운 겨울바람에 자신의 옷깃이 흔들리는 소리까지 들을 수 있었다. 바람이 그의 뺨을 차갑게 스치고 옷자락을 부드럽게 잡아당기는 것도 느낄 수 있었다. 다리가 걷잡을 수 없이 떨려왔다.

모피 상인은 나폴레옹이 목을 가다듬고 천천히 명령하는 소리를 들었다.

"사격준비…조준…."

이제 자신의 목숨을 영원히 앗아갈 그 몇 초의 순간에 모피 상인은 말로 표현할 수 없는 감정이 솟구쳐 눈물이 뺨을 적셨다.

[결론]

한참 아무 소리도 들리지 않다가, 모피상인은 그를 향해 다가오는 발자국소리를 들었다. 그리고 눈을 가렸던 안대가 풀렸다. 갑작스런 햇빛에 아직 눈이 어른거렸지만, 상인은 자신을 깊이 들여다보고 있는 나폴레옹의 눈을 보았다. 그 눈은 그의 존재의 구석구석을 꿰뚫어 보고 있는 듯했다.

이때 나폴레옹이 부드럽게 말했다.

"이제 당신은 알 것이오. 내가 그때 어떤 기분이었는지를."

나폴레옹이 러시아를 침공하다 혹한이 몰아치는 작은 마을 한복판에서 러시아 코사크 군대를 무찌르고 승리를 위해 싸우는 중 궁지에 몰려 피신하게 된다. 그는 위기에 처하나 모피상인의 기지로 목숨을 구한다. 모피 상인은 대 영웅 나폴레옹이 생명을 잃을 궁지에 몰렸을 때 느낌을 묻는다. 자존심이 상한 나폴레옹은 모피 상인에게 위기에 처한 그 기분을 더 극적으로 체험하게 한다. 사례를 보면 갈등전개는 긴장도가 2이다. 클라이맥스에서 긴장도는 5에 달한다. 긴장갭이 3정도나 되기 때문에 우리는 재미와 스릴과 감동을 느낀다.

[나폴레옹과 모피 상인의스토리 구성 6단계]

1단계(발단) : 혹한 속러시아 군대와전투

2단계(사건, a) : 나폴레옹 궁지에몰림

3단계(갈등전개) : 모피더미 아래 은신(자존심 추락)

4단계(클라이맥스전) : 상황역전, 모피상인 총살형 위기에 처함

5단계(클라이맥스) : 모피상인 총살형 위기 벗어남

6단계(결론) : 위대한 영웅도 위기의 순간, 느낌은 일반인과 동일함

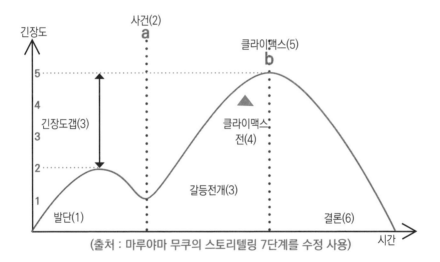

(출처 : 마루야마 무쿠의 스토리텔링 7단계를 수정 사용)

사례2 《4차 산업혁명 시대 지식창업을 하라》의 〈지식, 경험, 스토리, 메시지를 융합하라〉

[상황설정, 발단(1)]

내 첫 직장은 K사의 아프리카 담당 수출 부서였다. 신입사원은 제일 어렵고 골치 아픈 지역을 맡게 한다. 아프리카에서 수출업무 경력을 쌓게 되면 북미든, 남미든, 유럽 지역이든 동남아 지역이든 어느 지역을 맡아도 일을 잘 처리할 수 있다. 그만큼 아프리카 지역은 내란이 빈번하고, 정치와 경제가 불안해서 예측불허의 사건들이 많이 터지는 지역이다.

[사건 a(2)]

아프리카 지역을 맡은 지 채 6개월도 지나지 않아 사건이 터졌다. 가봉의 바이어가 신입사원인 내게 와이어로프의 가격을 할인해 달라고 전문을 보내왔다. 그는 초기에 나의 기를 꺾고 수출가격을 조금이라도 깎으려는 속셈이었다. 파운드당 몇 센트만 깎아도 아프리카에서는 큰돈이 되었다. 가격 할인 문제로 수십 통의 텔렉스 전문이 오갔다. 그 시절은 인터넷이 나오기 전이어서 텔렉스를 보내려면 별도 용지에 수기로 써서 송수신을 전문으로 담당하는 여직원에게 넘겨야 했다. 직장 상사는 미주지역으로 출장을 나간 상태였다.

[갈등전개(3)]

아프리카의 바이어는 보세구역에 있는 물건을 인도해가야 하지만 그는 반출 검사 일정을 계속 미루었다. 와이어로프는 철이어서 오래도록 방치하면 녹이 슨다. 물론 생산할 때 그리스(윤활유)를 얇게 발라놓지만, 기간이 지나면 녹이 슬기 시작한다. 그의 의도는 새로운 구매물량에 대한 가격 할인이 정해져야만 기존 물량을 인도하겠다는 속셈이었다. 아프리카 지역은 가격을 한번 내리면 다시 올리기는 힘들다. 이미 들어간 물량은 2천만 원어치 정도였다. 나는 심한 갈등을 겪으면서도 기존 가격으로 계속 버텼다.

[클라이맥스 전(4)]

결국 바이어는 보세구역에 있는 물량을 인도하지 않고 제품 불량을 이유로 클레임을 걸었다. 고민과 걱정으로 잠을 제대로 이룰 수 없었다. 꿈속에서 무능력자라는 상사의 비난이 쏟아졌다. 상사가 출장에서 돌아왔고 바이어는 계속 인도를 거부했다. 결국 물품은 덤핑으로 낮은 가격에 현지의 다른 바이어에게 넘겼다. 기존 바이어인 압둘라와의 거래는 끊긴 듯했다. 나는 회사에 손해를 끼친 직원이 되었다. 감정이 예민한 나는 견딜 수가 없었다. 다른 동료들과 상사들이 단지 이야기를 나누는 것을 보기만 해도 마치 나를 비난하는 것처럼 들렸다. 나는 결국 그 일을 견디지 못하고 사직서를 제출했다.

[클라이맥스(5)]

부서장이 불렀다.

"자네, 이번 일로 사직서를 낸 건가? 아프리카 지역은 이런 일이 다반사로 일어나네. 그리고 클레임 처리된 물량은 압둘라의 창고에 있을 거야. 물건을 구매한 현지 바이어와 압둘라와는 서로 관계가 있네. 압둘라는 이미 그 물량을 확보해서 당분간 우리에게 오퍼는 주지 않을 거야. 원래 신입 직원이 입사하면 한두 번은 이런 골탕을 먹이네. 우리는 가격을 유지하기 위해서라도 일부러 클레임 처리를 한 거야. 장기적으로는 그게 나으니까. 자넨 잘못한 게 없어. 몇 개월 시간이 지나면 알둘라로부터 다시 오퍼가 올 거야. 그 물량을 소진할 때까진 시간이 걸릴 테니까."

"이번 건 때문에 사직서를 제출한 건 아닙니다. 친구가 중국을 대상으로 사업을 하는데 같이 하자고 해서…."

나는 상사에게 거짓말을 했다. 사실 나는 클레임 사건으로 사직서를 제출했다. 하지만 이 사건으로 사직서를 제출하는 것이라고 말할 순 없었다. 이미 제출된 사직서를 다시 번복하기란 자존심이 허락하지 않았다. 만일 사직서를 제출하기 전에 이 말을 들었다면 결코 사직서를 제출하지 않았을 것이다. 나는 이 사건으로 글로벌 셀러가 되겠다는 면접 때의 원대한 포부를 접어야 했다.

[결론(6)]

하지만 그때 직장을 그만두었기 때문에 소년은 박사가 되었고, 작가가 되었으며, 교수가 될 수 있었다. 만일 첫 직장에서 직장생활을 계속했더라면 수출부 총괄 담당 부장을 맡아 일을 하다가 퇴직하거나 아니면 자영업을 하고 있었을 것이다.

사례를 보면, 갈등전개는 긴장갭이 2에서 시작하여 클라이맥스에서 4에 이른다. 반전의 묘미가 어느 정도 긴장도를 높이고 있지만 5에 이를 정도로 높지는 않다.

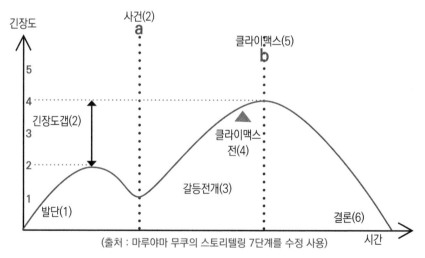

〈지식, 경험, 스토리, 메시지를 융합하라〉의 스토리 구성 6단계

(출처 : 마루야마 무쿠의 스토리텔링 7단계를 수정 사용)

사례 3 《꿈꾸는 다락방》의 〈내 가슴속에 흐르는 그것을 살아라〉

[상황설정,발단(1)]

20세기 가장 성공한 여성 중의 한 명인 에스테 로더는 벨이 말한 무의식적 사고의 힘을 '시각화의 힘'이라는 말로 표현한다.

[사건 a(2)]

젊은 시절 에스테 로더는 부자 동네 어느 미용실에 들렀다가 한 부잣집 마나님에게 모욕을 당했다. "어머나, 블라우스 좀 봐. 너무너무 예쁘고 우아해요! 도대체 이걸 어디서 사신 거예요?"라고 물었다가 "자네가 알아서 뭘 하게? 어차피 자네 같은 가난뱅이는 평생 손도 대지 못할 텐데."라는 핀잔을 들었던 것이다.

[갈등전개(3)]

에스테 로더는 대꾸도 못 한 채, 울면서 미용실을 뛰쳐나왔다고 한다. 하지만 자존심만은 강해서 집으로 돌아오는 내내 "앞으로는 죽어도, 죽어도, 누구도 나에게 가난하다는 말을 못 하게 만들 거야. 원하는 것은 무엇이든 가질 수 있는 사람이 될 거야"라며 맹세에 맹세를 거듭했다고 한다.

물론, 성공하고야 말겠다는 맹세를 한다고 해서 실제로 성공하는 것은 아니다. 또 단순히 열심히 일한다고 해서 성공하는 것도 아니다. 성공을 하기 위해서는 특별한 내면의 힘이 필요하다. 가만히 있어도 성공이 저절로 굴러들어오게 만드는 강력한 에너지가 필요한 것이다. 보통사람들은 이것을 '운'이라고 부른다. 에스테 로더 역시 이 사실을 알았다.

[클라이맥스 전(4)]

그래서 그녀는 성공한 사람들을 철저하게 연구했고, 마침내 성공을 불러들이는 내면의 힘을 터득했다. 그 결과는 당신이 아는 대로다. 부잣집 아줌마의 모욕을 받는 처지에서 4조 원대에 달하는 자산을 가진 세계적인 화장품 회사 에스테 로더사의 주인이 된 것이다. 에스테 로더는 자서전에서 성공을 끌어들이는 에너지를 갖는 방법에 대해 이렇게 밝혔다.

[클라이맥스(5)]

"당신의 꿈을 시각화하라. 만일 당신의 마음의 눈으로 이미 성공한 회사, 이미 성사된 거래 이미 달성된 이윤 등을 볼 수 있다면, 실제로 그러한 일이 일어날 가능성이 커진다. 이미 성공한 모습을 마음속으로 생생하게 그리는 습관은 목표를 달성하는 가장 강력한 수단이다. 나는 백화점에 입점하기 전부터, 에스테 로더사의 제품이 대형 백화점에서 어마어마한 판매량을 달성하는 모습을 생생하게 꿈꾸곤 했다. 한두 번이 아니었다. 백화점에 입점할 때마다 수천 번씩 그렇게 했다. 그러면 내 마음속의 그림은 진짜로 현실이 되곤 했다.

[결론(6)]

성공을 시각화하면 그 이미지는 반드시 현실이 된다. 이 놀라운 원리는 위대한 성공을 거둔 사람이라면 모두 알고 있고 실천하고 있는 것이다. 사업계, 투자계, 운동계를 비롯한 각계 정상에 올라있는 사람들은 대부분 이 방법을 실천하고 있다.

알렉산더 그레임 벨이 이 방법을 '무의식적인 사고의 힘'이라고 칭했고, 에스테 로더가 '시각화의 힘'이라고 부른 그 힘을 이 책에서는 공식 R=VD라고 부른다. 이것을 풀이하면 다음과 같다.

생생하게 Vivid   꿈꾸면 Dream   이루어진다 Realization

〈내 가슴속에 솟아오르는 그것을 살아라〉의 스토리 구성 6단계

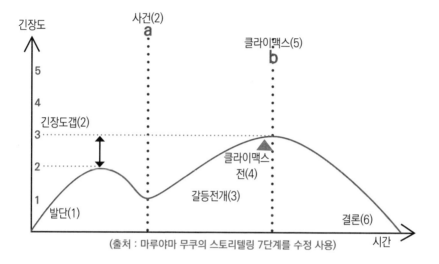

(출처 : 마루야마 무쿠의 스토리텔링 7단계를 수정 사용)

《꿈꾸는 다락방》에서 위의 사례는 클라이맥스가 더 극적으로 적용되지 않은 점이 아쉽다. 갈등전개 긴장도가 2에서 시작해 클라이맥스에서 3으로 끝나 긴장갭이 크지 않다. 그럼에도 이 책은 상당한 베스트셀러가 되었다. 책 전체에 흐르는 수많은 다양한 성공스토리를 R=VD라는 하나의 거대한 주제로 묶어냄으로써 일관성 측면에서 독자들을 설득력 있게 공감시키기 때문에 베스트셀러가 될 수 있었다. 책 제목 또한 극기, 꿈과 희망을 쫓는 스토리들로 가득 차 있어서 매력적이다.

04

술술 읽히는 문장을 쓰는 기술

01 독자의 마음을 사로잡는 A5문단 기법

책제목과 장제목, 그리고 소목차들을 정했다면 이제 소목차별로 내용을 채울 차례이다. 이때 반드시 1장부터 순서대로 써나갈 필요는 없다. 자신이 쓰고 싶은 목차부터 써나가기 시작하면 된다.

글을 쓸 때 기존 글쓰기에서 배웠던 서론, 본론, 결론이라는 개념을 버리는 게 좋다. 기존 틀에 맞추다 보면 글쓰기가 막힐 수 있다. 여기에서는 송숙희 교수의 A4도구를 소개하고자 한다. 이 방식은 하버드대학에서 신입생을 1년 동안 가르치는 글쓰기 프로그램이기도 하다. 나는 실질적으로 소목차 내용을 작성할 때 A4기법이나 A5기법을 번갈아 사용한다. A4기법은 우리가 기승전결의 개념을 버리고 편안하게 이야기를 하듯이 쓰면 된다.

A5 주의를 집중하게 하고(Attention)

A4 문단기법

A1. 메세지를 주장하고(Appont)
A2. 그에 대한 근거를 대며(reason)
A3. 예를 들어 설명하고(Argument)
A4. 메세지를 한번 더 주장하는(Appoint)

A5 문단기법

송숙희 교수는 《책 쓰기의 모든 것》에서 다음과 같이 말한다.

"글 속에는 독자의 궁금증과 의심을 일소해 줄 명쾌하고 매혹적인 해법이 있어야 한다. 그래야 당신의 글이 독자와 통하지 않겠는가. 통하는 글은 일방적으로 주장하지 않는다. 통하는 글은 설명을 늘어놓지도 않는다. 통하는 글은 근거를 앞세워 설득한다. 통하는 글은 다만 보여줄 뿐이다. 그래도 독자가 이해하고 행동하고 변화한다. 요컨대 독자의 궁금증과 의심을 일소시켜주면서 당신의 메시지를 주장하는 방법론이 바로 A4 도구다. (중략)

A4에서 한 단계 나아간 것이 A5 도구다. A4에 독자의 흥미를 사로잡아 집중하게 하는 도입과정을 추가한 것이다. 특정한 사건을 제시하거나 주제를 선언하고 문제를 제기하거나 특정 용어설명 그

리고 일화나 격언, 속담을 앞세우면 독자들은 글에 주의를 집중하게 되고 몰입하여 나머지 글을 읽는다. (중략) 뇌의 방어막이 열리도록 예시와 논거와 에피소드를 보여주라는 것이다. 게다가 격언이나 경구들은 그것이 갖는 보편적 진리성 때문에 A4 형식 속에 동원되어 당신의 글 또한 보편적 진리처럼 받아들여지게 만든다고 한다."

아래 문장은 《4차 산업혁명 시대 지식창업을 하라》의 5장 1절 〈지식과 경험을 돈으로 바꾸는 창업을 하라〉는 A5 도구를 활용하여 작성하였다.

"아내가 돌아왔다. 몹시 피곤하고 우울해 보였다. 강 씨는 실직을 한 지 2년 반이 흘렀다. 고시원에서 원룸 생활을 한 지도 1년이 지났다. 아파트를 담보로 5억을 빌렸다. 그중에 주식투자로 2억 7천만 원을 날렸다. 남은 돈은 1억여 원이었다. 1억으로 월 150만 원 이자와 생활비 400만 원을 주면 고작 1년을 버틸 수 있다. 아직도 인생은 평균수명까지 40년이 남았다. 아내의 표정이 몹시 어두운 것도 이해가 됐다. (중략) 조사 결과 강 씨는 아내와 맏딸에게 수면제를 먹인 뒤 살해한 것으로 드러났다. '세계일보 2012년 1월 31일 자' 기사 내용이다. 벌써 5년이 흘렀다."

이 부분은 A5(Attention)를 활용하여 독자의 흥미를 사로잡기 위해 특정한 사건을 서두에 스토리 형태로 가져왔다.

"강 씨는 외국계 기업과 중견기업에서 20여 년 이상을 재무회계한 분야에서 일했다. 그가 재무회계 분야의 귀중한 지식과 경험을 자본화하여 창업했다면 투자전문가나 재무전문가 혹은 재무전략 컨설턴트로 다시 태어날 수 있었을 것이다. 그는 직장생활을 할 때보다 창업자금 컨설턴트로 자유와 부를 더 누렸을 것이다. 오히려 그의 주식투자 실패경험은 훌륭한 자본으로 변했을 것이다. 그는 M&A 전문가가 될 수도 있었고, 주식투자자의 성공 수기를 읽고 실패를 하지 않도록 훌륭한 주식투자 컨설턴트로 활동할 수도 있었을 것이다. 그가 선택할 수 있는 지식창업은 다양하고 많다. 지식창업을 선택했다면 상처받은 자존감을 회복하고 가족은 다시 행복을 되찾았을 것이다. 끔직한 일을 저지른 것은 그가 자존감을 상실했기 때문이다. 그의 뇌 속에는 엄청난 지식과 경험의 자산들이 들어있다. 그는 자신의 가치를 알아보지 못했다. 자신의 지식과 경험을 가치와 돈으로 바꾸는 방법을 알지 못했다."

이 부분은 A1부분(Appoint)으로 강 씨가 지식 창업가가 되었더라면 위와 같은 비극은 발생하지 않았을 것이라고 강하게 메시지를 주장하고 있다.

"신문기사를 보면 강 씨와 같은 사건기사로부터 온통 구조조정과 실직 얘기가 넘쳐난다. 금융, 건설, 정유, 조선, 해운에 칼바람이 몰아치고 있다. 증시침체, 저금리 지속, 세계 경제의 불확실성으로 감원의 장기화가 진행되고 있다. 특히 강 씨와 같은 화이트칼라의 감원 태풍이 몰아치고 있다. 세계 7위의 해운사인 한진 해운은 단 몇 달 만에 공중분해 되었다. (중략) 기업은 절대 자신이 망할 짓은 하지 않는다. 그래도 망하는 기업은 경영진이 결정을 잘못했을 때이다. 대기업은 더욱 그렇다. 대신 망가지고 부서지는 것은 근로자들이다. 그들뿐 만 아니라 가족도 무너진다. 직장이 가족의 행복과 자신의 미래를 책임져 주지 않는다. 직장생활은 자기 인생의 일부 여정일 뿐이다. 하지만 대다수 사람은 직장생활이 인생의 전부인 것처럼 생각하고 행동한다. 두려움 때문이다."

이 부분은 A2(Reason) 부분으로 강씨가 왜 비극적인 사건을 일으켰는지 근거를 대고 있다.

"베이비부머들만 1년에 1백만 명 이상이 직장에서 쫓겨나고 있다. 그들이 직장에서 쌓은 지식과 경험은 소중한 가치가 있다. 지식창업은 전문직이다. 이는 4차 산업 혁명에서 특히 중요하게 여기는 자신만의 차별화된 콘텐츠이다. 인공지능이나 로봇으로 대체할 수 없다. 개개인의 독특하고 차별화된 지식과 경험이 인터넷 플랫폼과 결합할 때 그것은 창의적인 콘텐츠가 될 수 있다. 대한민국은 이제 그들이 자신의 지식과 경험을 활용하여 창업할 수 있도록 지식창업기반 생태계를 만들어야 한다. 대한민국이 미국이나 유럽 선진국보다 직업 수가 약 2~3천 개 부족하다고 한다. 그 이유는 지식창업과 같은 다양한 지식서비스 산업이 활성화되어 있지 않기 때문이다. 이미 선진국들은 지식창업생태계를 만들어 이를 발전시켜 나가고 있다."

[A4문단기법과 A5문단기법의 예]

A5. 주의를 집중하게 하고(Attention)
-특정 사건을 가져와 독자의 흥미를 유발하고

A1. 메세지를 주장하고(Appont)
-지식창업의 시대적인 전성시대 도래를 주장하고

A2. 그에 대한 근거를 대며(reAson)
-강씨와 같은 비극적인 사건이 왜 일어났는지 근거를 대며

A3. 예를 들어 설명하고(Argument)
-구조조정과 실직이 사회적인 분위기임을 설명하고

A4. 메세지를 한번 더 주장하는(Appoint)
-강씨의 예를 들어 지식창업의 당위성을 주장한다

A4용지
2장~2장 반
분량

이 부분은 A3(Argument)로서 예를 들어 설명하고 있다.

"강씨는 지식 창업가가 될 전형적인 지식과 경험 그리고 노하우를 가지고 있었다. 그는 강한 성취 욕구도 있었다. 하지만 훌륭한 자산을 가지고 있음에도 불구하고 존속 살해범이 되었다. 이것은 그가 자신의 가치를 깨닫지 못하고 한순간 자존감을 잃었기 때문이다. 지식창업은 실패와 좌절과 고통도 훌륭한 자산이 된다. (중략) 이제 구조조정 당한 실직자들은 자신의 소중한 자산을 확인하고 이를 자산화 할 수 있는 기술과 교육을 받아야만 한다."

이 부분은 A4(Appoint) 부분으로 메시지를 다시 한번 더 주장하고 있다.

글을 쓸 때는 한 가지 기법을 활용하는 것보다는 몇 가지 기법을 익혀서 활용한다면 글의 참신성이 살아날 수 있다. A5기법을 순서를 서로 뒤섞어서 활용한다면 다양한 방법을 구사할 수 있다. A5기법은 작가가 자신의 메시지를 효과적으로 표현하고 독자의 마음을 사로잡을 수 있는 훌륭한 기법이라고 할 수 있다.

* 《4차 산업혁명 시대 지식창업을 하라》에서 전문을 인용함

첫 문단은 궁금증이나 호기심을 일으켜야 한다. 독자의 가슴을 설레게 할 준비나 관심을 끌게 만들어야 한다. 기대감을 갖게 하거나 새로운 것을 기대하게 만들어야 한다. 흥미를 일으키고 독특하고 색다른 스토리를 기대할 수 있는 문단이어야 한다.

소목차의 첫 문단은 독자와 처음 대면하는 상견례이다. 앞으로 내 이야기가 어떻게 전개될 것이라는 소개서이자 상황 설명이다. 독자와의 첫 상견례에서 상식적인 얘기 등 지루하거나 따분한 이야기를 하거나 별 의미 없는 얘기를 꺼내면 안 된다. 당신에게 흥미나 관심을 끌게 하기 위하여 당신이 겪은 아름다운 이야기나 값진 체험 혹은 당신과 사귀려는 사람에게 호감과 흥미를 주는 이야기를 꺼내는 것이 좋다. 그 서두는 독자에게 임펙트를 주어야 한다. 독자들이 제일 궁금해하거나 흥미를 느낄만한 에피소드를 준비하는 것도 좋다.

첫째, 소목차와 관련된 일반적 사실 혹은 보편적 상황에 대한 반론을 도입하라

1) 일반적 사실

거액의 복권에 당첨되거나 카지노 등에서 큰돈을 딴 사람 중에 우울증에 걸린 사람이 많다는 연구 결과가 있다. 돈이 많이 생겼다는 사실은 물론, 기분 좋은 일이지만 그 행복감이 지속적인 자존감으로 이어지지는 않는다. 오히려 예기치 않은 큰돈이 생긴 사람 중에 자존감이 떨어져 있는 사람들이 많다.

☞ 호기심을 불러일으킨다.

《자존감 수업》의 〈나는 얼마나 쓸모 있는 존재인가〉

2) 보편적인 상황에 대한 반론

왜 당신은 직장에 속박되어 하루에 10만 원 벌려고 기를 쓰는가? 월급쟁이 부자는 없는데 부자 되기를 포기하고 굳이 월급쟁이로 일평생을 살려고 애쓰는가? 당신은 한 달 이내에 혹은 6개월 이내, 1년 이내, 3년 이내, 5년 이내 해고될지도 모르는데 왜 한 달 한 달 나오는 월급으로 연명하려는가? 삶의 동반자처럼 유혹하며 월급을 꼬박꼬박 주는 회사도 당신의 미래를 결코 책임져 주지 않는데 왜 준비를 하지 않는가? 직장생활은 당신의 일평생을 가난, 불안, 초조하게 만드는데, 왜 부자가 되려 하지 않는가? 돈이 없어도 창업할 수 있는데 왜 창업하려 하지 않는가?

☞ 해결책에 대한 궁금증을 일으킨다.

《4차 산업혁명 시대 지식창업을 하라》의 〈왜 지식창업가가 되어야 하는가〉

둘째, 소목차와 관련된 사회적 이슈나 개인적 사건을 도입하라

1) 사회적 이슈

삼성과 LG 같은 한국 브랜드는 세계에 널리 알려졌다. 더욱이 우수한 품질로 정평이 나 있기도 하다. 그런데도 세계인에게 한국은 여전히 잘 모르는 나라에 불과하다. 현대 승용차를 몰고 삼성 텔레비전을 보는 미국인이라 할지라도 한국에 대해서는 모른다. 그들이 한국과 관련해 신문에서 읽는 기사 대부분은 서울에서 일어난 일이 아니다. 그들이 접하는 한국에 대한 보도는 북한의 장거리 로켓 발사나 핵실험에 관한 것일 가능성이 크다.

☞ 해답이 궁금해진다. 해결책이 제시될 것 같은 암시를 나타낸다.

《한국인만 모르는 다른 대한민국》의 〈선비정신, 한국 홍보의 핵심 개념〉

2) 개인적 사건

내 책상 위에는 가지 않는 탁상시계가 있다. 고장 난 것은 아니다. 내가 일부러 건전지를 빼두었다. 그렇다고 이 시계가 늘 서 있기만 한 것은 아니다. 매년 내 생일이 되면, 18분씩 앞으로 시계바늘을 옮긴다.

☞ 궁금증을 일으킨다.

《아프니까 청춘이다》의 〈인생 시계〉

셋째, 소목차와 관련된 일상경험을 도입하라

스트레스 클리닉에 새로 참가한 약 30여 명의 환자를 둘러보면서 나는 이들 모두가 한마음으로 묶여 있다는 데 놀라움을 느꼈다. 나는 이 아침에 방안에 가득 차 있는 낯선 사람들이 모두 무엇을 기대하고 여기에 왔는지가 궁금했다. 밝고 친절한 인상을 가진 에드워드가 매일 고민하고 있는 문제에 대해 생각해 보았다.

☞ 이들이 왜 모였는지 궁금증을 일으킨다.

《명상과 자기치유》의 〈오직 이 순간을 의식하며 살자〉

넷째, 소목차와 관련된 대화나 질문을 도입하라

"저는 지식도, 경험도, 자본도 없어요. 현재 사업 아이템도 없고요. 무얼 해야 할지 막막한 심정으로 왔습니다. 취업도 안 되고…"

창업센터를 내방한 40대 중반의 여성은 자리에 앉자마자 절망적으로 말했다.

"지식이나 직장생활 경험이 없어도 창업이 가능합니다. 지금부터 그것을 같이 찾아보도록 합시다." 1시간여 대화를 이어나갔다.

☞ 어떻게 풀어나갈지 결론이 궁금증을 일으킨다.

《4차 산업혁명 시대 지식창업을 하라》의 〈지식창업은 무자본 창업이다〉

다섯째, 소목차와 관련된 속담, 명언, 격언 등의 인용을 도입하라

세상에서 가장 믿기 어려운 것은 인간의 말이다. 인간은 지구상에서 거짓말을 하는 유일한 존재이기 때문이다. 한편 세상에서 가장 믿을 수 있는 것 역시 인간의 말이다. 인간은 지구상에서 목숨을 걸고 진실을 말하는 유일한 존재이기 때문이다.

☞ 결론이 궁금하다.

《꿈꾸는 다락방》의 〈R=VD 효과의 증거자들〉

여섯째, 소목차와 관련된 스토리나 에피소드를 도입하라

아내가 둘째를 낳았을 때도 당신은 집에 없었다. 아내 곁엔 균이 있었다. 추운 겨울이었는데 땔감이 없었다고 했다. 출산을 하고자 차디찬 방에 누워있는 형수를 위해 균은 집의 오래된 살구나무를 베어 장작을 팼다. 형수가 누워있는 방 아궁이에 불을 붙여 밀어 넣었다. 그것을 본 당신의 누님이 산모가 누워있는 방문을 발칵 열고

집 안의 나무를 함부로 베면 사람이 죽어 나간다는 데 어찌 이런 일을 벌였느냐고 다그쳤다. 균은 내가 그랬소! 왜 형수한테 그래요! 소리치며 대들었다고 했다. 당신의 누님이 균의 멱살을 잡았다고 했다. 형수가 베라고 하더냐! 이놈아! 이 못된 놈아! 그럼 아일 낳고 차디찬 방에서 얼어 죽으란 말요! 한마디도 지지 않고 형수 편을 들었다고 했다.

☞ 스토리 전개가 궁금하다.

《엄마를 부탁해》의 〈나, 왔네〉

일곱째, 소목차와 관련된 사람의 보편적인 관심사를 도입하라

청년은 생각했다. 아들러 심리학은 철저히 인간관계에 초점을 맞춘다. 그리고 인간관계의 최종 목적지는 공동체 감각에 있다. 하지만 정말 그것만으로도 좋은 걸까? 우리는 차원이 더 높은 무언가를 이루기 위해 이 세상에 태어난 것은 아닐까? 인생의 의미란 무엇일까? 나는 어디로 향해, 어떤 삶을 살아야 하는 걸까? 생각할수록 청년은 스스로가 하찮은 존재로 여겨졌다.

☞ 인간관계보다 더 의미 있는 것이 무엇인지 궁금해진다.

《미움 받을 용기》의 〈지금 여기를 진지하게 살아간다〉

여덟째, 소목차와 관련된 인물의 소개를 도입하라

소년은 작가가 되고 싶었다. 집도 가난하여 대학은 일찌감치 포기했다. 독학으로 작가가 되겠다고 결심했다. 그것은 스펙이 필요 없었다. 독학으로 노벨상을 받은 헤르만 헤세를 존경했다. 특히 소년이 태어난 해에 그는 이 세상을 떠났다. 그는 14살에 실업학교에 입학했다. 소년도 14살에 기술 중학교에 입학했다. 졸업을 해도 중학교 졸업 학력 인정은 안 됐지만 등록금이 쌌다. 무엇보다도 산동네 판자촌에 사는 소년은 기술을 배워 빨리 돈을 벌어야 했다.

16살 헤르만 헤세는 신학교에 입학했다. 하지만 곧 뛰쳐나왔다. 헤세는 20살에 기술을 배우기 위해 페로의 탑시계 공장에 실습생으로 취직하였으나 그만두었다. 소년도 19살에 봉제공장에 취직을 했다. 기술을 배우기 위해 재단사가 되기로 했다. 하지만 생산부에서 프레스를 밟으며 똑딱단추를 달거나 무거운 원단과 포장된 가죽잠바들을 지하실에서 오르내리며 날랐다. 봉제공장에서 재단사를 꿈꾸던 소년은 20살에 사고를 당해 봉제공장을 그만두었다.

☞ 앞으로 소년이 어떻게 될지 궁금증을 일으킨다.

《4차 산업혁명 시대 지식창업을 하라》의 〈자신의 스토리를 입혀 책을 써라〉

03 본문 문단 전개의 4가지 핵심기술

독자가 본문은 읽을 때 즐거움을 느끼거나, 가슴을 뭉클하게 만들어 주어야 한다. 가능한 지속적으로 감정의 변화와 지식 혹은 지혜를 주어 뇌의 활동량이 바쁘게 해야 한다. 잠자던 뇌세포들을 일깨우며 잠시 고요와 명상에 빠지게 만들거나, 뇌의 새로운 활동 경로를 만들어 주어야 한다. 즉, 신선한 자극을 주거나 색다른 지혜를 깨닫게 하거나 자신의 인생을 성찰하고 반성하게 해야 한다. 자신의 이야기를 통하여 혹은 주변 이야기나 자신의 지식과 경험을 통하여 얻은 생각과 의견들, 삶의 지혜나 통찰, 문제해결이나 일상생활에 도움이 되는 팁들을 재미있는 형태로 엮어서 제시해야 한다. 이러한 내용을 글로 나타낼 때는 특별한 기술이 필요하다. 본문을 전개하는 방식으로는 4가지 패턴이 있다.

첫째, 사례 문단과 생각/의견문단이 대체로 1:1 균형을 이루는 경우

둘째, 생각/의견 문단을 많이 배열하는 경우

셋째, 사례 문단을 많이 배열하는 경우

넷째, 대부분 내용을 본인 사례나 타인 사례 혹은 소설처럼 이야기 형태를 띤 경우

이 4가지는 각각의 장단점이 있다. 따라서 자신의 성격이나 강약점 혹은 경험이나 지식 등에 따라서 적합한 패턴을 찾아 본문 문단을 배열하는 것이 중요하다. 다음 사례를 보자

첫째, 사례 문단과 생각/의견 문단이 대체로 균형(1:1)을 이루는 경우

에세이 형태와 스토리 형태를 적절하게 균형을 맞추어 문단을 구성한다. 독자의 몰입과 집중을 이끌어 낼 수 있으나 스토리의 재미나 제공 정보의 만족도가 떨어질 경우 독자는 쉽게 싫증을 느낄 수 있다. 독자의 참여는 용이하고 공감도는 높으나 작가는 책 전반에 걸쳐 포괄적인 해결책이나 메시지에 일관성을 갖기가 쉽지 않다. 대체로 중재자 유형이나 조정자 유형 혹은 충성가 유형이라면 이 기법을 잘 활용할 수 있다.

사례15 《자존감 수업》의 〈나는 얼마나 쓸모 있는 존재인가〉

[상황설정, 일반 사실]

거액의 복권에 당첨되거나 카지노 등에서 큰돈을 딴 사람 중에 우울증에 걸린 사람이 많다는 연구 결과가 있다. 돈이 많이 생겼다는 사실은 물론 기분 좋은 일이지만 그 행복감이 지속적인 자존감으로 이어지지는 않는다. 오히려 예기치 않은 큰돈이 생긴 사람 중에 자존감이 떨어져 있는 사람들이 많다. 왜 그럴까? 자신의 존재감을 평가하는 기준 중에 '나는 사회적으로 얼마나 쓸모 있는 사람인가'가 포함되기 때문이다.

[생각/의견1]

자존감을 얻기 위해서는 자신이 사회에 필요한 존재라는 믿음이 있어야 한다. 가정이라는 작은 사회, 국가라는 사회, 나아가 세계라는 사회에서 말이다. 성장기에 부모님의 칭찬에 목마르거나 투표에 참가하고 나면 뿌듯한 것이 바로 이런 이유에서다

[본인 사례1]

나의 대학 생활은 단체생활이었다. 아침부터 강의실에 모여 앉아 수업을 듣고 나면 조별 실습과 실험이 기다리고 있었다. 늘 동기와 선후배, 교수님과 둘러싸여 혼자 있을 시간이 없었다. 그래서 방학

이 되면 혼자 여행을 가곤했다. 무작정 터미널에서 막차를 타고 가능한 한 먼 곳을 향했다. 한숨 자고 일어나면 울산이나 포항, 진주 같은 지방에서 아침을 맞았다.

그렇게 도시를 떠돌다가 정해진 목적지도 없이 또 다른 도시로 이동하는 여행이었다.(중략)

[생각/의견2]

사회에서 얼마나 그 사람을 필요로 하는가를 살펴보면 그 사람의 성공 정도를 가늠할 수 있다. 물론 복권당첨자도 어떤 면에서 성공한 사람이다. 하지만 그의 성공은 정확히 돈 하나에 한정된다. 그의 인격이나 가치와 전혀 상관이 없다. 회사의 사장이 중요한 이유도 마찬가지다. 직원 중 누군가 아프면 다른 이가 대신할 수 있다. 하지만 직급이 높거나 중요한 사람이 자리를 비우면 대체할 사람이 줄어든다.(중략)

[사례2]

결혼 생활도 마찬가지다. 가족이나 배우자에게 필요 없는 존재라는 생각이 들면 자존감이 흔들린다. 직장생활을 오래 하면 회사에서 살아남는 법이나 인간관계에서 오는 갈등을 푸는 요령에 웬만큼 숙련이 된다. 하지만 내 경험상 그런 사람일수록 배우자나 가족에게 존재감이 약한 경우가 많다. 오랜 관찰 끝에 알게 된 사실 하나는 '회사원으로서 꽤 괜찮은 나'가 배우자에게는 전혀 인정을 받지 못한다는 것이다.(중략)

[결론, 호소]

우리 대다수는 태어나자마자 가족의 일원이 된다. 성장과 함께 영역도 확대된다. 학교의 일원, 직장의 일원이 된다. 지금 자신이 속한 범위를 살펴보고, 그 안에서 가치 있는 사람이 되려면 어떻게 해야 하는지 생각해보자.

> ☐ 가족- 대화, 문안 인사
> ☐ 아파트 입주민 – 눈치우기
> ☐ 회사원 – 지각 안하기, 실적 올리기
> ☐ 종교 단체일원 – 신앙 생활하기, 단체 가입하기 등

마지막 문단은 자신이 주위에 필요한 존재로서 자신을 가치 있게 만드는 행동을 하게 만든다. 독자가 스스로 행동하게 함으로써 칼럼에 가치를 부여하고 있다. 그림은 문단 분석기법을 적용한 예이다.

[본문문단 전개의 핵심기술]

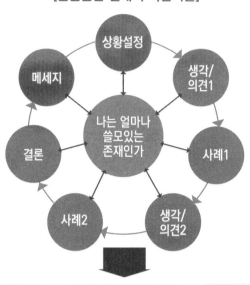

상황설정(일반 사실)	생각/의견 1	(본인) 사례1
왜 복권에 당첨된 사람들은 우울한 걸까?	(답변) 자존감은 '필요한 존재'라는 인식	(반대사례) 내가 없어도 세상은 잘 돌아간다.필요없는 존재

결론(호소)	(일반)사례2	생각/의견 2
가치있는 사람이 되려면 무엇을 해야 하는가	(외도심리) 가족에게 자신이 필요없는 존재 인식	(성공집착이유) 필요한 존재라는 가치획득행위

2) 생각/의견 문단을 많이 배열하는 경우

주로 작가의 성찰과 생각/의견을 통하여 독자에게 지식이나 지혜, 문제해결, 통찰이나 삶에 도움이 되는 정보와 스토리를 제공한다. 독자가 공감하고 작가가 제시한 신념이나 생각을 행동으로 옮길 때 책은 가치가 있다. 독자는 작가의 생각에 동의하고 공감하며 깨닫고 동시에 행동하도록 요청받는다. 대체로 사색가 유형과 낙천가 유형이 이 기법을 잘 활용할 수 있다. 독자가 공감을 하면 몰입도가 높아 책은 베스트셀러가 될 수 있다. 목차구성을 구조적 전개형이나 문제제기-해결형을 활용하면 독자에게 구체적인 도움을 줄수 있다. 반면 사건나열형 혹은 키워드 나열형 기법을 쓰면 독자는 포괄적인 해결책을 얻지 못하고 낚였다고 생각할 수 있다.

사례 16 《아프니까 청춘이다》의 '인생시계'

[상황설정]

내 책상 위에는 가지 않는 탁상시계가 있다. 고장 난 것은 아니다. 내가 일부러 건전지를 빼두었다. 그렇다고 이 시계가 늘 서 있기만 한 것은 아니다. 매년 내 생일이 되면, 18분씩 앞으로 시계바늘을 옮긴다.

[사례1]

방금 K군이 다녀갔다. 내일모레면 나이가 '계란 한 판'인데 제대로 이뤄놓은 것 하나 없고 앞으로 어떻게 할지 딱 부러지게 구체적인 계획조차 세우지 못했단다. 답답해서 미칠 것 같다며 오랜 시간 하소연을 하다가 돌아갔다.

서른, 금방 온다. 다들 하는 부전공이나 복수전공에 필요한 학점을 채우려면 4년 만에 졸업하기가 쉽지 않다. 더구나 요즘엔 어학연수, 인턴, 아르바이트 등 취업에 필요한 경험과 '스펙'을 만들어 줘야 한다. (중략)

[생각/의견1]

그대, 인생을 얼마나 산 것 같은가?

이 질문이 너무 막연하게 느껴진다면 이렇게 물어보겠다. 사람이 태어나서 죽을 때까지를 24시간에 비유한다면, 그대 지금 몇 시쯤을 살고 있는 것 같은가? 태양이 한참 뜨거운 정오? 혹시 대학을 방금 졸업했다면, 점심 먹고 한창 일을 시작할 오후 1~2시쯤 됐을는지?

막연하게 상상만 할 것이 아니라 한번 계산기를 들고 셈해보자. 그대가 대학을 스물넷에 졸업한다 하고, 하루 중 몇 시에 해당하는지, 한국인의 연령이 80세쯤 된다 치면, 80세 중 24세는 24시간 중 몇 시?

아침 7시 12분.

[생각/의견2]

아침 7시 12분. 생각보다 무척 이르지 않은가? 많은 사람들이 잠자리에서 일어나 하루를 준비하는 시각이다. 아침잠이 많은 사람이라면 아직 일어나지 않았을지도 모른다. 그렇다. 대학을 졸업하는 스물넷이 고작 아침 7시 12분이다.

선생으로서 수많은 젊은이들의 성장기를 지켜본 나로서는, 이 7시 12분의 비유가 의미하는 바가 무척이나 크다고 생각한다. 유년기와 청소년기를 거쳐서 사회활동을 할 준비를 마치는 24세는, 출근 준비를 마치고 이제 집을 막 나서려는 시각과 비슷하다. (중략)

인생시계를 보여주면 많은 사람들이 깜짝 놀란다. 생각보다 너무 이르다는 것이다. 쉰을 맞이한 선배에게 "이제 겨우 오후 3시예요." 하고 알려줬더니, 연방 손가락을 꼽아보며 "정말이네?" 한다. 졸업을 맞는 스물넷 친구들에게 이 이야기를 하면, 대다수가 "나름대로 인생 꽤 살았다고 생각했는데, 이제 오전 7시 12분밖에 안 됐어요?" 한다.

그렇다. 아직 많이 남았다. 아침 7시에 일이 조금 늦어졌다고 하루 전체가 끝장나는 것은 아니지 않은가.

"나는 너무 늦었어!"라고 단정 지으려는 것은, '사실'의 문제가 아니라 '자기기만'의 문제다. 혹시라도 포기나 좌절의 빌미를 스스로 만들어서는 안 된다. 그대, 아직 이르다. 적어도 무엇을 바꿀 수 있는 만큼은.

[결론]

책상 위의 내 인생 시계는 오후 2시 24분을 가리키고 있다. 나이 마흔여덟에 아직 오후 2시 30분도 되지 않았다니……. 쉰을 앞두고도 아무것도 해놓은 것이 없다는 생각이 들 때마다 고개를 들어 아직 하루가 오롯이 남아있는 내 인생의 탁상시계를 바라본다. 〈벤자민 버튼의 시계는 거꾸로 간다〉라는 영화에 그런 대사가 있었다.

"인생에 너무 늦었거나, 혹은 너무 이른 나이는 없다."

[본문문단 전개의 핵심기술 2]

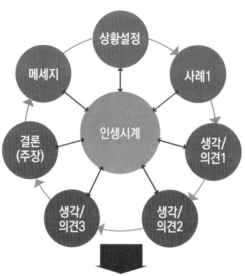

상황설정(나의 경험)	사례1(일반생각)	생각/의견1(일반)
(인생은 길다) 가지 않는 탁상시계 생일 때마다 18분씩 이동	시간은 빨리 지나가고 K군의 목표 부재에 대한 불안	(반대)시간은 빠르게 지나가는데 해놓은 것은 없다

결론(주장)	생각/의견3	생각/의견 2
내 나이 쉰에 가깝지만 무엇이든 시작해도 늦지않다	(반론) 내 인생시계는 48세, 아직 오후 2시 24분 아직 시간은 많다	(인생은 길다) 인생시계 80세 중 24세는 24시간 중 7시 12분

3) 사례 문단을 많이 배열하는 경우

주로 작가는 자신의 경험 위주로 상상력을 더하여 에세이와 스토리 형태로 제공하는 경우가 많다. 독자들은 작가의 삶을 엿보고 관망한다. 자신의 삶과 비교함으로써 작가의 색다른 삶에 동의하고, 그 삶을 간접 체험하거나 자극을 받아 자신을 변화시키려 한다. 생각/의견은 대체로 작가의 사례 속에 묻혀 나타난다. 자신의 사례를 많이 배열할 경우, 진솔하게 스토리텔링 형태로 제공하면 베스트셀러가 될 확률이 높다. 독자들은 쉽게 스토리텔링에 몰입할 수 있으며 색다른 경험에 대한 호기심을 가지고 공감한다. 성취가 유형이나 리더십 유형이 이 기법을 활용하면 유용하다.

사례 17 《시크릿》의 〈돈의 비밀〉

[상황설정]

'비밀'은 내게 대단한 충격이었다. 날 길러준 아버지는 부자란 남들을 벗겨 먹은 놈이고 돈이 있는 자는 모조리 남을 속인 거라고 생각하는 사람이었기 때문이다. 그래서 난 돈에 대한 편견을 자주 들었다. 돈이 있으면 나쁜 인간이 되고, 오직 사악한 사람만 돈이 있고 돈은 저절로 생기는 게 아니라는 식의. "내가 무슨 록펠러인줄 알아?" 이것이 아버지가 흔히 내뱉던 말이었다. 그래서 인생이 정말 힘들다고 믿으며 자랐다. 클레멘트 스톤을 만나고 나서야 내 인생이 바뀌기 시작했다. (중략)

[나의 사례1]

클레멘트 스톤과 일할 때, 그가 이런 말을 했다. "난 잭이 엄청난 목표를 정했으면 해. 그걸 이루고 나면 좋아서 날뛸 정도로 그런 목표 말이야." 당시에 나는 1년에 약 8천 달러를 벌고 있었고, 그래서 이렇게 대답했다. "1년에 10만 달러를 벌고 싶습니다." 물론 나는 그걸 어떻게 해낼지 아무 생각이 없었다. 전략도, 가능성도 없었지만 이렇게 말했다. "그렇게 선언하고, 그대로 이루어진다고 믿고, 그게 사실인 것처럼 행동하고, 사람들에게 공언할 겁니다." 나는 실제로 그렇게 했다.

[나의 사례2]

클레멘트 스톤이 내게 가르쳐준 한 가지는 날마다 눈을 감고 목표를 이룬 듯, 상상하라는 것이었다. 나는 10만 달러짜리 증서를 만들어서 천장에 붙여 두었다. 아침에 눈을 뜨면 처음 보이는 것이 그 증서였다. 이런 식으로 내 의도를 떠올렸다. 그런 다음에 눈을 감고 10만 달러짜리 인생을 누리는 모습을 상상했다. 한 달간 아무 일도 일어나지 않았다. 놀라운 아이디어가 생기지도 않았고, 누가 내게 더 큰 수당을 제시하지도 않았다.

4주쯤 되자, 10만 달러짜리 아이디어가 떠올랐다. 참 흥미롭게도 머리에 퍼뜩 떠오른 것이다. 내가 쓴 책에 이런 구절이 있었다. "책 한 권에 15센트를 받아서 40만 부를 팔면 10만 달러가 된다." 내게 책은 있었지만 나는 이런 생각을 해보지도 않았다. ('비밀' 중 하나는 영감이 떠올랐을 때 믿고 실행에 옮겨야 한다는 것이다.) 나는 어떻게 40만 부를 팔아야 할지 몰랐다. 그러자 슈퍼마켓에서 내셔널 인콰이어러 National Enquirer를 보게 되었다. 그전에는 백만 번 봤으면서도 눈에 들어오지 않던 잡지였다. 그런데 갑자기 눈에 띄었다. (중략)

[나의 사례3]

그러자 내 아내가 말했다. "10만 달러가 가능하다면, 100만 달러도 될까?" 내가 대답했다. "모르겠지만 되겠지. 해보자."

출판사 사장이 영혼을 위한 닭고기 수프 Chicken Soup for the Soul 의 인세를 보내왔다. 그런데 서명 끝에 웃음 마크가 있었다. 사장 자신도 100만 달러짜리 수표에 서명하기는 그때가 처음이었기 때문이었다.

이렇게 나는 경험으로 알게 되었다. 나는 시험해 보고 싶었다. '이게 정말 효과가 있을까?' 그래서 우리는 시험해 봤고 '비밀'은 정말로 효과가 있었다. 그때부터 나는 날마다 '내 인생'을 살아가고 있다.
_잭 캔 필드

[생각/의견1]

돈을 끌어당기려면 부에 집중해야 한다. 돈이 부족하다는 점을 느끼면서 돈을 더 많이 끌어당길 수는 없다. 돈이 부족하다고 느낀다는 건 돈이 부족하다고 생각한다는 뜻이기 때문이다. 돈이 부족하다는 사실에 집중하면 돈이 부족한 온갖 상황을 만들어내게 될 것이다. 돈을 끌어당기려면 반드시 풍족한 상태에 집중해야 한다.

당신은 새로운 생각으로 신호를 전송해야 하고, 그 생각은 '내게 지금 넘칠 정도로 돈이 있다'가 되어야 한다. 상상력을 동원하여 이미 원하는 만큼 돈이 있는 척해야 한다. 그리고 해보면 무척 재미있다! 돈이 충분히 있다고 가장하는 놀이를 하다 보면 곧바로 돈을 기분 좋게 대하게 되고, 그렇게 되면서 돈이 당신의 인생에서 넘치게 될 것이다.

[결론-주장]

잭의 멋진 이야기를 들은 '시크릿팀'은 시크릿 웹사이트 www.thesecret.tv에 아무것도 적지 않은 수표용지를 만들어두었다. 그것은 당신을 위해, 우주 은행이 발행한 수표다. 당신 이름과 금액과 기타 내용을 적은 다음에 언제나 눈에 잘 보이는 곳에 보관하라. 수표를 볼 때는 이미 돈이 있을 대의 감정을 느껴라. 돈 쓰는 모습을 상상하라. 사고 싶었던 물건을 사고, 하고 싶은 일을 하는 모습을 그려라. 얼마나 멋질지 느껴라! 구하면 이미 당신 것이 되므로, 자신의 것이라고 믿어라. '시크릿 수표'를 써서 막대한 돈을 불러들인 이야기는 수없이 많다. 이것은 실제로 효과가 있는 재미난 게임이다!

[본문문단 전개의 핵심기술 3]

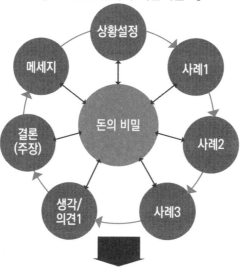

상황설정	(본인)사례1	(본인)사례2
부자에 대한 아버지의 잘못된 인식	마음은 상상할 수 있는 것은 무엇이든 성취할 수 있다	(꿈의 실현) 상상의 힘으로 10만달러 꿈이 실현됨

결론(주장)	생각/의견1	(본인)사례3
끌어당기고 풍성한 것처럼 꿈꾸어라	(반전) 부족한 돈꿈 대신 풍요한 돈꿈을 꾸어라	인세 100만달러 달성 영혼을 위한 닭고기 스프

넷째, 대부분 내용을 본인이나 타인사례 혹은 소설처럼 이야기 형태를 띤 경우

스토리텔링이나 성장소설 또는 자전적 형태가 해당된다. 이 경우 베스트셀러 6단계 기술을 적용하면 책 쓰기가 훨씬 쉽고 내용에 재미가 추가된다. 스토리텔링이 독자로부터 감동과 공감을 얻을 때 베스트셀러가 될 확률이 높다. 독자는 작가의 스토리에 흡입되어 몰입과 집중, 성찰을 이끌어낸다. 작가의 생각이나 주장은 스토리 속의 비유나 은유, 상징 형태로 혹은 이야기 자체 속에 스며들어 있다. 개혁가 유형이나 예술가 유형이 이 기법을 선호한다.

사례 18 《엄마를 부탁해》의 〈나, 왔네〉

200만부가 팔린 이 소설은 영미권과 유럽까지 번역되어 팔린 작품이다. 아래 내용은 전체 작품 중 〈나, 왔네〉의 일부분 이다. 이 사례는 등장인물을 중심으로 스토리가 진행되는 소설이다. 따라서 베스트셀러 스토리텔링 기법과 표준문단 틀 분석 두 가지를 진행한다.

[상황설정]

아내가 둘째를 낳았을 때도 당신은 집에 없었다. 아내 곁엔 균이 있었다. 추운 겨울이었는데 땔감이 없었다고 했다. 출산을 하고자 차디찬 방에 누워있는 형수를 위해 균은 집의 오래된 살구나무를 베어 장작을 팼다. 형수가 누워있는 방 아궁이에 불을 붙여 밀어 넣었다.

[사건2]

그것을 본 당신의 누님이 산모가 누워있는 방문을 발칵 열고 집 안의 나무를 함부로 베면 사람이 죽어 나간다는 데 어찌 이런 일을 벌였느냐고 다그쳤다. 균은 내가 그랬소! 왜 형수한테 그러요! 소리치며 대들었다고 했다. 당신의 누님이 균의 멱살을 잡았다고 했다. 형수가 베라고 하더냐! 이놈아! 이 못된 놈아! 그럼 아일 낳고 차디찬 방에서 얼어 죽으란 말요! 한마디도 지지 않고 형수 편을 들었다고 했다.

[갈등전개3]

살구나무를 베어낸 그 자리였다. 돈을 벌어오겠다고 집을 나간 균이 돌아온 지 스무날쯤 지나서였을 것이다. 균이 집에 들아 온 걸 가장 반긴 사람은 아내였다. 그사이 균은 많이 변해 있었다. 그리 따르던 아내를 보고도 웃지 않았다. 당신은 바깥세상에서 뭣에 호되게 당했나 보다고만 생각했다. 어느 날 새하얗게 질린 얼굴로 아내가 윷판이 벌어진 가게 앞으로 헐레벌떡 뛰어왔다.

[클라이맥스 전4]

삼촌이 이상하다고 빨리 집에 가보라고 해도 당신은 윷에 빠져 아내에게 먼저 가 있으라고 했다. 넋이 나간 듯 서 있던 아내가 윷이 펼쳐진 덕석을 뒤집어 버리며 악을 바락바락 썼다.

　－ 삼촌이 다 죽어간단 말이요! 빨리 가봐야단 말요!

아내의 행동이 너무 거칠어 이상한 예감에 당신은 집으로 향했다.

　－ 빨리요! 빨리!

소리를 지르며 아내가 앞장섰다. 아내가 당신 보다 앞장서서 뛰기는 그때가 처음이었다. 살구나무를 베어낸 자리에 균이 몸을 뒤틀며 누워있었다. 거품을 문 입안에서 혀가 빠져나와 꼬여 있었다.

　－ 이놈이 왜 이려!

당신은 아내를 보았으나 아내는 이미 넋이 빠져 있었다

[클라이맥스5]

맨 먼저 균을 발견한 아내가 경찰서에 수차례 불려갔다. 사인이 밝혀지기도 전에 형수가 시동생에게 농약을 먹였다는 소문이 옆 마을까지 퍼져 나갔다. 당신의 누님이 눈이 벌게진 채 아내에게 내 동생 잡아먹은 년! 이라고 소리를 고개고래 질러댔다. 형사의 조서를 받은 아내는 침착했다.

─ 내가 죽였다고 생각하믄 물어보지 말고 나를 가두시요이.

집으로 가지 않고 감옥소로 보내 달라고 해서 형사가 아내를 집으로 데리고 온 적도 있었다. 아내는 집으로 돌아와 머리를 쥐어뜯고 가슴을 쥐어뜯곤 했다. 방문을 활짝 열어젖히고 우물가로 달려가 찬물을 벌컥벌컥 마시곤 했다. 당신은 거의 정신이 나가 있었다. 아내가 조사를 받으러 다니는 동안 당신은 균아! 균아! 죽은 놈 이름을 불러대며 산으로 들로 미친 듯이 뛰어다녔다. 가슴에서 불이 번져 몸이 뜨거워 견딜 수가 없었다. 죽은 자는 말이 없고 남은 자들은 그렇게 미쳐가던 때가 있었다.

[결론 6]

불쌍한 사람. 당신은 이제야 당신이 얼마나 비겁했는지를 깨닫는다. 당신의 아내에게 그 상처를 죄다 떠넘기고 살아왔다는 생각이 이제야 든다. 위로를 받아야 할 사람은 아내였건만 함구해버림으로써 아내를 오히려 궁지에 몰아넣었다는 것도.(중략) 아내는 균이 때문에 경찰서에 들락거린 사람이었다는 것을 왜 생각하지 못했을까. 가해자로 소문이 난 사람이기도 했다는 것을. 균의 일이 아내의 치명적인 두통과 관련이 있을지도 모르겠다는 생각을 왜 이제야 하는가. 한번은 아내의 얘기를 들어줬어야 했다. 하고 싶은 말을 하게 해주었어야 했다. 그리 몰아붙여 놓고 제대로 풀어주지도 않은 채 함구해온 세월(중략)

《엄마를 부탁해》와 〈나, 왔네〉 스토리 구성 6단계

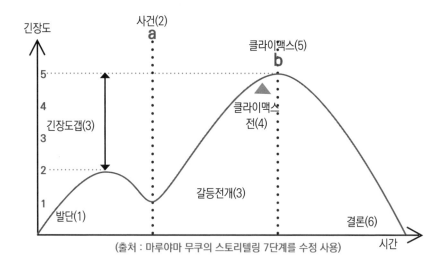

(출처 : 마루야마 무쿠의 스토리텔링 7단계를 수정 사용)

《엄마를 부탁해》는 우리의 일상에서 일어날 수 있는 작은 사건의 스토리들을 수백 개 엮어 하나의 거대한 인생 스토리를 만들어 낸다. 이 장편 소설은 칠순 엄마의 치매 실종을 그린다. 큰딸, 큰아들, 아버지의 관점에서 그리고 작자인 '너'의 관점에서 고해성사를 하듯이 지나간 인생을 회상하며 고백을 한다. 그 고백은 엄마에 대한 각자의 기억들을 불러일으켜 되씹게 만든다. 그리고 독자 자신을 고해성사 시키며 눈물을 흘리게 만든다.

긴장갭이 2에서 클라이맥스 5단계로 높다. 따라서 우리에게 재미와 깊은 감동을 준다.

[본문문단 전개의 핵심기술 4]

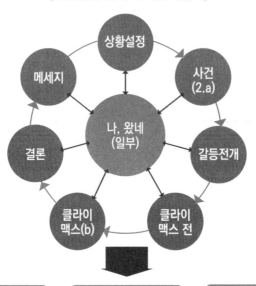

상황설정(발단1)	사건(2.a)	갈등전개(3)
시동생이 산모인 형수를 위해 추운겨울 살구나무를 베어 땔감으로 사용	출산시기 추운겨울 바람난 남편대신 시동생 균이 형수를 보살핌	집안 나무를 베면 사람이 죽어 나간다는 믿음의 남편누님과 갈등

결론(6)	클라이맥스(5.b)	클라이맥스전(4)
누명은 벗겨지나 아내는 마음의 상처로 치매가 옴. 결국 실종 됨	형수가 시동생에게 농약을 먹였다고 누명을 쓰게 됨	시동생이 농약을 먹고 베어진 살구나무가 있는 곳에서 자살함

결론문단은 독자를 설레게 해야 한다. 또한 감동을 하게 하거나 최소한 공감을 하게 해야 한다. 마지막 문단을 읽었을 때 다짐이나 결심을 하게 해야 한다. 가슴을 먹먹하게 만들거나 잠시 생각에 잠기게 만들어야 한다. 지진을 일으켰던 감정의 여진이 남아 뇌는 잠시 혼란에 빠질 수 있어야 한다. 인생을 바꿀 의지를 다지게 만들거나 결심을 하게 해야 한다. 아하! 하고 뭔가를 깨닫거나 인생을 돌아보게 해야 한다. 성찰이나 지혜를 가슴속에 간직하게 만들어야 한다. 기존의 습관이나 고정관념을 깨고 다른 생각이나 행동을 하게 만들어야 한다. 그것이 베스트셀러 책의 의무이며 책임이다.

첫째, 의미 있거나 올바르거나 인생을 변화시키는 행동을 하도록 결론문단을 작성하라

우리 대다수는 태어나자마자 가족의 일원이 된다. 성장과 함께 영역도 확대된다. 학교의 일원, 직장의 일원이 된다. 지금 자신이 속한 범위를 살펴보고, 그 안에서 가치 있는 사람이 되려면 어떻게 해야 하는지 생각해보자

> ☐ 가족 - 대화, 문안 인사
> ☐ 아파트 입주민 - 눈치우기
> ☐ 회사원 - 지각 안하기, 실적 올리기
> ☐ 종교 단체일원 - 신앙 생활하기, 단체 가입하기 등

위의 문단은 《자존감 수업》의 〈나는 얼마나 쓸모 있는 존재인가〉라는 칼럼에서 가져왔다. 마지막 문단은 자신이 주위에 필요한 존재로서 자신을 가치 있게 만드는 행동을 하게 만든다.

둘째, 자책이나 절망을 희망으로 느끼거나 부정을 긍정으로 느끼고 공감하도록 결론문단을 작성하라

책상위의 내 인생시계는 오후 2시 24분을 가리키고 있다. 나이

마흔여덟에 아직 오후 2시 30분도 되지 않았다니……. 쉰을 앞두고도 아직 아무것도 해놓은 것이 없다는 생각이 들 때마다, 고개를 들어 아직 하루가 오롯이 남아 있는 내 인생의 탁상시계를 바라본다. 〈벤자민 버튼의 시계는 거꾸로 간다〉라는 영화에 그런 대사가 있었다.

"인생에 너무 늦었거나, 혹은 너무 이른 나이는 없다."

위의 문단은 《아프니까 청춘이다》의 〈인생 시계〉라는 칼럼에서 가져왔다. 이 칼럼을 처음부터 읽고 마지막 문단을 읽게 되면 자신의 나이를 확인하고 계산을 하게 된다. 그리고는 아직 무엇을 하든지 늦지 않았다고 생각한다. 당장 계획을 세우고 하지 못했던 일이나 장기적인 목표의 계획도 세울 것이다. 50대 중반인 나도 자신의 나이를 계산해 보았다. 1년에 18분씩 인생 시계가 간다고 하니까 아직 저녁 전이다. 지금은 100세 시대이다.

셋째, 목표 혹은 꿈이 실현되지 않고 있다면 다시 검토하도록 결론 문단을 작성하라

나는 학교에서 강의하면서 6년 동안 3천권 이상의 책을 읽고 한 권의 초고를 힘들게 완성했지만 여러 출판사에서 거절을 당했다. 하지만 책 쓰기 과정을 들으면서 대중성과 상품성을 가미했고 나만의 스토리로 3개월 만에 초고를 완성했다. 다행이었다. 지금도 안타깝게 생각하는 것은 이 과정을 일찍 알았더라면 좋았을 것을 하는 아쉬움이 늘 여운처럼 남는다.

위의 문단은 《4차 산업혁명 시대 지식창업을 하라》의 〈자신의 스토리를 입혀 책을 써라〉 칼럼에서 가져왔다. 이 칼럼을 처음부터 읽고 마지막 문단을 읽게 되면 저자는 40여 년 이상을 작가가 되기 위해 노력을 했지만 끝내 꿈을 이루지 못했다. 하지만 책 쓰기 과정을 수강하면서 독자들과 출판사가 원하는 것을 파악하고 이를 충족시키는 글을 썼다. 3개월 만에 초고를 완성하고 출판사에 원고를 보내 출간 제의를 받았다. 40여 년 동안 이루지 못한 작가의 꿈을 단 3개월 만에 이룬 것이다. 독자는 이루지 못한 꿈을 단기간에 달성한 사실을 깨달았을 것이다. 그리고 호기심을 갖고 결과를 확인하고 싶어 한다. 또한 자신도 할 수 있다는 희망을 품게 된다. 작가와 비슷한 경우를 겪은 독자들은 희망과 기대를 갖고 저자에게 이메일을 보내거나 연락을 할 것이다.

넷째, 인생을 돌아보고 의지나 결심을 다지게 하는 결론 문단을 작성하라

페이스북은 개인들을 중심으로 같은 성향, 같은 관심, 같은 취미, 같은 사업을 중심으로 소통을 한다. 네이버는 검색어, 즉 키워드 중심으로 소통을 한다. 스티브 잡스는 그 플랫폼을 우리의 손안에 쥐어 주었다. 우리는 자신의 슬픔과 고통, 즐거움과 행복, 그리고 유익한 정보들을 공유하기 위해 소통하고 공감한다. 그 소통을 통해서 우리는 슬픔과 기쁨을 나눈다. 이것이 사회적 동물이다. 언어는 그렇게 탄생했고 스마트 폰도 그렇게 태어났다.

우리는 성실성을 가지고 꾸준하게, 진실성을 가지고 솔직하게, 유익한 정보를 공유하여 소통한다면 블로그는 당신을 지식 창업가로서 성공의 첫발을 내딛게 해줄 것이다.

위의 문단은 《4차 산업혁명 시대 지식창업을 하라》의 〈블로그를 허브기지로 콘텐츠를 생산하라〉에서 가져왔다. 블로그를 운영하는 독자들은 초기에 많은 기대를 가지고 운영하게 된다. 하지만 몇 개월 운영하다 보면 시간만 낭비하는 것 같아 지치게 된다. 많은 독자가 자신의 블로그를 찾아 같이 소통하며 공감할 것으로 기대하지만, 이내 블로그는 외로운 무인도가 돼버리고 만다. SOS를 쳐도 아무도 반응하지 않는다.

블로그를 운영한다면 상품판매나 인기 혹은 타인의 기대를 위해서가 아니라 자신의 목표와 꿈을 위해서 운영하라! 이것이 없으면 초기에 블로그 운영은 몹시 어려워 포기하게 될 것이다. 자신의 고유한 목표가 없으면 2~3개월 운영을 하다가 방치하게 된다. 저자도 그러한 경험을 가지고 있다.

하지만 블로그를 자신의 귀중한 정보창고나 보물섬이라고 생각하고, 자신이 필요로 하거나 좋아하는 정보들을 긴 세월 오랫동안 하나둘 쌓아두게 되면 그것은 어느새 자신의 값비싼 보물섬이 된다. 자신만의 소중한 일기장이 된다.

블로그를 방치한 독자들이라면 새로운 자신의 목표를 가지고 블로그를 운영할 각오나 의지를 갖게 될 것이다.

다섯째, 방법을 가르쳐주고 배우도록 요구하는 결론 문단을 작성하라

1) 잭의 멋진 이야기를 들은 '시크릿팀'은 시크릿 웹사이트 www. thesecret.tv에 아무것도 적지 않은 수표용지를 만들어두었다. 그 것은 당신을 위해, 우주 은행이 발행한 수표다. 당신 이름과 금액과 기타 내용을 적은 다음에 언제나 눈에 잘 보이는 곳에 보관하라. 수 표를 볼 때는 이미 돈이 있을 때의 감정을 느껴라. 돈 쓰는 모습을 상상하라. 사고 싶었던 물건을 사고, 하고 싶은 일을 하는 모습을 그 려라. 얼마나 멋질지 느껴라! 구하면 이미 당신 것이 되므로, 자신 의 것이라고 믿어라. '시크릿 수표'를 써서 막대한 돈을 불러들인 이 야기는 수없이 많다. 이것은 실제로 효과가 있는 재미난 게임이다!

위의 문단은《시크릿》의 〈돈의 비밀〉이라는 칼럼의 마지막 문단이다. 저자는 본문에서 자신이 가난하더라도 마치 돈을 풍부하게 가지고 있는 것처럼 상상하고 행동하라고 요구한다. 돈이 부족한 것을 상상하면 실제로 항상 돈이 부족한 환경이나 운명, 에너지만을 끌어 온다. 반면에 돈이 풍요한 것처럼 상상하고 행동하면 항상 돈이 실제로 풍부한 환경이나 에너지, 운명만을 끌어오기 때문에 자신의 환경도 어느새 그렇게 바뀐다는 것이다. 마지막 문단은 실제로 그러한 방법을 제시하고 그렇게 실천하도록 요구하고 있다. 대부분의 독자는 항상 돈에 궁핍해 있다. 따라서 실천력 있는 독자들은 마지막 문단에서 제시한 것처럼 생각을 바꾸고 제시한 방법을 시도할 것이다.

2) 20년 벌어 60년 먹고 살아야 할 당신! 이제 10년 벌어서 60년 행복한 부자로 사는 법을 터득하라. 하지만 10년이 아니라 평생할 수 있는 직업이다. 그것은 지식창업이다. 절대 어렵지 않다. 책쓰기 기술을 습득하고 이를 실행하느냐, 하지 않느냐의 차이일 뿐이다. 그것을 실행하는 도구도 무료로 혹은 쉽게 얻을 수 있다. 하겠다는 의지와 시간 투자가 필요할 뿐이다. 이 책이 그 기술을 가르쳐 줄 것이다.

위의 문단은 《4차 산업혁명 시대 지식창업을 하라》의 〈20년 벌어 60년을 먹고 살아야 할 당신!〉의 결론문단이다. 결론 문단은 방법을 가르쳐주고 배우도록 요구하고 있다.

여섯째, 성찰하고 되돌아보고 깨닫게 하는 결론 문단을 작성하라

1) 불쌍한 사람. 당신은 이제야 당신이 얼마나 비겁했는지를 깨닫는다. 당신의 아내에게 그 상처를 죄다 떠넘기고 살아왔다는 생각이 이제야 든다. 위로를 받아야 할 사람은 아내였건만 함구해버림으로써 아내를 오히려 궁지에 몰아넣었다는 것도. (중략) 아내는 균이 때문에 경찰서에 들락거린 사람이었다는 것을 왜 생각하지 못했을까. 가해자로 소문이 난 사람이기도 했다는 것을. 균의 일이 아내의 치명적인 두통과 관련이 있을지도 모르겠다는 생각을 왜 이제야 하는가. 한번은 아내의 얘기를 들어줬어야 했다. 하고 싶은 말을 하게 해주었어야 했다. 그리 몰아붙여 놓고 제대로 풀어주지도 않은 채 함구해온 세월(중략)

위의 문단은 《엄마를 부탁해》에서 〈나, 왔네〉의 결론 문단이다. 가족에 대하여, 특히 아내에 대하여 반성하거나 성찰하게 한다.

2) 인간은 본질적으로 외로움과 두려움을 느낀다. 인간이 직장을 떠나지 못하는 이유다. 이제 그 두려움이 협업의 시대를 만들었다. 협업은 막강한 경쟁력을 자랑한다. 조직을 떠나더라도 스스로 조

직을 만드는 역량을 키워야 생존할 수 있다. 인간이 사회적 동물인 이유이다. SNS는 조직을 만들 수 있는 툴을 제공한다. 1인 지식창업가는 그 툴을 활용해야만 생존할 수 있다. 다행히도 그것은 무료로 활용할 수 있다. 조직을 만들 수 없는 사람은 조직을 떠나면 안된다. 외로움이 깊어져 감당하기 힘들면 인간은 홀로 감당할 방법을 찾는다. 인간만이 자살하는 이유다. 그때는 그에게 조직은 아무 필요도 없게 된다.

위의 문단은 《4차 산업혁명 시대 지식창업을 하라》에서 〈지식과 경험을 인터넷 플랫폼으로 연결하라〉의 마지막 문단이다.

05 훌륭한 문장을 만드는 7가지 기술

빠르게 변하고 참을성이 없는 현대인들은 무척 바쁘다. 조금이라도 자신의 시간을 낭비하려고 하지 않는다. 지루하고 피곤한 책을 읽느니 휴식을 선택하거나 인터넷 서핑에 빠진다. 자신을 즐겁게 하거나 삶에 도움이 되는 정보가 아니면 쉽게 긴 글을 읽으려 하지 않는다. 따라서 글은 명료하고 정확하고 짧게 써야 한다. 또한 인생에 도움이 될 만한 정보나 지식, 지혜 혹은 통찰을 담아야 한다.

첫째, 명료하고 정확하고 짧게 써라

아내가 돌아왔다. 몹시 피곤하고 우울해 보였다. 강 씨는 실직을 한 지 2년 반이 흘렀다. 고시원에서 원룸생활을 한지도 1년이 지났다. 강남 아파트를 담보로 5억을 빌렸다. 생활비와 주식투자로 2억

7천만 원을 날렸다. 남은 돈은 1억여 원이었다. 1억으로 월 150만 원 이자와 생활비 400만원을 주면 고작 1년을 버틸 수 있다. 아직도 인생은 평균수명까지 40년이 남았다. 아내의 표정이 몹시 어두운 것도 이해가 됐다.

《4차 산업혁명 시대 지식창업을 하라》의 〈지식과 경험을 돈으로 바꾸는 창업을 하라〉

둘째, 긍정적이고 희망적이며 자신감 있는 문장을 사용하라

질투하는 대신 선망하라. 타인의 성취를 인정하라. 설령 그의 성공에 문제가 많아 보일지라도 그대는 오히려 그에게서 존중할 만한 점을 애써 찾아, 그것을 배워라. 한껏 부러워해라. 그래야 이길 수 있다. 다른 사람의 성취를 보고도 부러워하지 않는다면, 그게 오히려 지는 것이다.

《아프니까 청춘이다》의 〈부러워하지 않으면, 그게 지는 거다〉

셋째, 한 문장에는 한 가지 의미만 넣어라. 두 가지 의미가 들어가면 두 문장으로 분리하라

1) 3개월 만에 초고를 완성하고 출판사에 원고를 보내 7개 출판사로부터 출간 제의를 받았다. 40여 년 동안 이루지 못한 작가의 꿈을 단 3개월 만에 이루었다. 이루지 못한 꿈을 단기간에 달성한

사실 속에서 독자들은 호기심을 갖고 결과를 확인하고 싶어 한다.

☞이루지 못한 꿈을 단기간에 달성했다. 독자는 호기심을 갖고 그 비밀을 알고 싶어 한다.

《4차 산업혁명 시대 지식창업을 하라》의 〈지식과 경험을 돈으로 바꾸는 창업을 하라〉

2) 코끼리는 걷는 데 활용하는 네 발을 두발로 줄인 인간처럼 앞발을 손으로 사용하기보다는 네발로 더욱 안전하게 걷는다. 단지 후각 용도로만 사용하는 작고 움직이지 않는 코를 대범하게 길게 늘여 손처럼 활용하는 방법을 터득시켰다. 음식물을 더 잘 먹기 위해서는 그것을 잡고 입으로 넣는 기능이 필요했다.

☞ 인간은 다소 불안하게 두 발로 걷는다. 반면 코끼리는 네발로 더욱 안전하게 걷는다. 인간의 손대신 코를 길게 늘려 음식물을 잡고 활용하는 방법을 터득했다.

넷째, 문장은 수동형이 아닌 능동형으로 작성하라

독자는 이루지 못한 꿈을 단기간에 달성한 사실을 깨닫게 된다. 호기심을 갖고 결과를 확인하고 싶어 한다. 독자는 풀리지 않는 궁금증을 가슴속에 계속 품게 됨으로서 가슴속에 여운이 계속남게 될 것이다. 또한 자신도 할 수 있다는 희망을 갖게 된다. 작가와 비숫한 경우를 겪은 독자들은 희망과 기대를 갖고 저자에게 이메일을 보내거나 연락을 하게 될 것이다.

☞ 품게 됨으로서 ->품어, 남게 될 것이다->남을 것이다, 희망을 갖게 된다->희망을 갖는다, 연락을 하게 될 것이다->연락을 할 것이다

다섯째, 문장을 꾸미지 말고 쉽게 써라

과장님이 야단을 쳤다. 억울하고 분했다. 집에 오자 남편이 집안이 어질러져 있다고 짜증을 냈다. 서운했다. 자려고 누웠는데 갑자기 눈물이 났다. 내 인생이 참 불쌍하다는 생각이 들었다. 서러웠다.

《자존감 수업》의 〈왜 감정은 뜻대로 조절하기 어려울까〉

여섯째, 통찰이나 지혜 혹은 유익한 정보를 담아라

1) 7백만 년 전 한 침팬지가 두 딸을 낳았다. 점점 사막화되어가는 열대우림 때문에 우세한 언니는 그대로 열대우림에서 살았고, 동생은 경쟁에 밀려 사바나 초지로 쫓겨났다. 쫓겨난 침팬지 암놈은 초원에서 침팬지 계통과는 약간 다른 생존 방식을 택했다. 초원의 탁 트인 시야를 경계하기 위해 자주 두 발로 걷기 시작했다. 맹수들이 먹다 남긴 썩은 사체를 먹고, 자유로워진 두 앞발로 돌을 집어 뼈를 깨 골수와 풀뿌리로 연명해 나갔다. 그리고 생존을 위해 '나'라는 신화를 만들기 시작했다.

《4차 산업혁명 시대 지식창업을 하라》의 〈에필로그〉

2) 감정이 자신의 모든 것이라고 생각하는 사람들이 많다. 하지만 감정은 내가 아니라 내가 사용할 에너지일 뿐이다. 인생이라는 길에 자전거를 타고 간다고 생각하면 이해가 쉽다. 어떤 감정을 만나는가에 따라 자전거의 속도가 결정된다. 화가 나거나 불안한 날은 빨리 가고 여기에 냉소를 끼얹으면 천천히 간다. 그런데 자전거는 속도만으로 움직이지 않는다. 핸들을 어느 쪽으로 꺾을지가 더 중요하다. 이 판단은 이성이 한다.

《자존감 수업》의 〈감정이라는 에너지를 이용하라〉

일곱째, 문단은 핵심주제를 명확하게 담아야 한다.

현대는 협업의 시대이다. 1인 창업가는 정말로 1인이 되면 실패한다. 지식창업가는 스스로 조직을 만들어야 한다. 대다수 전문가가 직장을 떠나지 못하는 이유이고, 평생을 가난하게 사는 이유이다. 그들이 조직 안에서 작은 아집과 옹고집을 부려도, 조직이라는 울타리는 넓은 아량으로 보호해준다. 대다수 기업이 생계를 유지할 만한 월급을 주면서도 조직이 유지될 수 있는 이유다.

《4차 산업혁명 시대 지식창업을 하라》의 〈지식과 경험을 인터넷 플랫폼으로 연결하라〉

06 초고 문단틀 설계기술을 활용하라

샘플 원고를 작성할 모든 기술을 터득했다. 직접 초고 문단 틀을 설계해보자. 먼저 글을 쓰기 전에 연필과 A4 용지 한 장을 준비하라. 그리고 기획을 하듯이 초고 문단 틀을 설계해보자. 격식이나 형식은 생각하지 말고 스토리텔링에 집중하자!

초고 문단 틀 작성은 그리 오래 걸리지 않는다. 특히 문단 틀을 구상할 때 경쟁도서 및 참고도서를 분석한 R-STP 내용을 적극적으로 활용한다면 문단 틀 작성은 어렵지 않다. 먼저 문단 틀을 스케치하면 대략 글의 윤곽이 나온다. 두세 개의 사례 사이에 생각/의견을 두세 개 넣고 서론과 결론을 넣으면 한 칼럼이 완성된다. 이미지와 클라이맥스는 초고를 작성한 후 플롯을 고려하여 적절한 위치에 긴장감을 불어넣어 삽입하면 한 칼럼은 재미있는 글이 된다. 여기에 적당한 이미지를 삽입하면 독자들의 관심을 끌 수 있다.

사례 19 초고 문단 틀 설계 실습

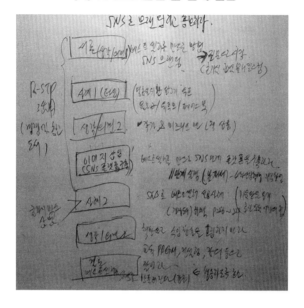

    나는 매일 저녁 5시 30분에서 6시 30분까지 1시간가량 운동을 한다. 운동을 나가기 전에 소목차를 하나 머리에 담아간다. 그리고 소목차와 관련된 STP와 R-STP 분석 내용을 한번 빨리 읽는다. 조깅하면서 집중하고 몰입한다. 조깅 중에 초고 문단틀이 구성되면 잠깐 멈추어 서서 갤럭시 노트에 그려 넣는다. 집에 돌아와서는 샤워를 하고 글을 쓰기 시작한다. 책을 쓰기 시작하면 하루에 하나씩 소목차 내용을 완성한다.

대체로 소목차의 원고는 상황 전개문단과 두세 개의 사례문단, 두세 개의 생각/의견문단 그리고 이미지와 클라이맥스문단, 결론 문단 등으로 이루어진다. 이러한 생각을 염두에 두어 한 칼럼을 기획하여 작성한다면 큰 부담은 사라질 것이다. 또한 상황설정 문단 작성법과 결론 문단 기법을 숙독하여 활용한다면 A4용지 두 장을 채워야 한다는 압박감은 덜 할 것이다.

사례는 〈SNS로 브랜딩하고 홍보하라〉 칼럼을 쓰기 전에 A4용지에 문단틀을 작성한 샘플이다. 이 초고 틀은 단 10분 만에 작성했다. 물론 초고 틀은 집필을 하면서 언제든지 수정되거나 보완 될 수 있다. 이 소목차의 제목도 〈스테디셀러를 만들려면 SNS 연계 플랫폼을 구축하라〉로 바뀌었다. 이미지도 3개로 추가되었고 문단 구성도 추가되었다. 이렇게 바뀌는 데 시간이 오래 걸리지 않았다. 일단 문단틀을 작성해 놓으면 그것을 기반으로 내용작성은 어렵지 않다. 글을 쓰면서 여러 가지 아이디어가 나오고 사례도 추가되거나 바뀐다.

05

베스트셀러를 만드는 탈고 기술

01 2S-FIMS 4단계 탈고기술

〈베스트셀러를 쓰고 싶은가? 그러면 2S-FIMS 기법을 적용하라! 일
단 책을 썼다면 반드시 베스트셀러를 써라. 베스트셀러는 탈고기술로
만들어진다〉

베스트셀러가 되느냐, 안 되느냐는 탈고 작업을 어떻게 하느냐에
달려있다. 2S-FIMS 탈고 전략은 엉성하게 작성한 초고도 베스트
셀러로 만드는 기술이다. 책을 쓰기 시작했다면 베스트셀러를 쓰고
싶지 않은가? 헤밍웨이나 마크트웨인도 탈고작업을 수십 번씩 했
다. 그만큼 탈고는 어렵다. 하지만 여기서 소개하는 표준화된 기법
을 적용한다면 탈고 작업은 재미있고 마음을 기쁘게 하는 작업이
된다. 왜냐하면, 대다수는 인생의 멘토가 되기를 원한다. 그것은 독
자의 진정한 행복을 위해서, 그의 문제를 해결해 주기 위해서, 혹은

그의 인생을 도와주거나 가이드 해주기 위해서, 걱정과 스트레스에 짓눌린 그를 재미있게 해주기 위하여 하는 작업이기 때문이다. 어려움이 있거나 문제를 가지고 있는 사람들을 도울 수 있다면 행복한 일이다. 그것은 STP의 기본원리인 내가 성공하려면 먼저 독자가 성공하도록 해야 하기 때문이다. 단지 독자는 1~2만 원을 투자하면 그 비법을 얻을 수 있다.

2S-FIMS 탈고 기법을 습득하면 힘겹고 어렵게 탈고작업을 할 필요는 없다. 모르는 길을 갈 때 내비게이션 안내를 받으며 간다면 훨씬 수월하고 새로운 길을 찾아가는 기쁨이 있다. 그러나 내비게이션의 도움 없이 간다면 길을 물어물어 온갖 시행착오와 어려움과 고통을 겪는다. 누구나 다 그런 경험은 한두 번 겪었을 것이다. 2S-FIMS는 탈고 작업을 통하여 베스트셀러를 만드는 데 내비게이션 같은 역할을 해줄 것이다. 탈고 기술 4단계 프로세스는 다음과 같다.

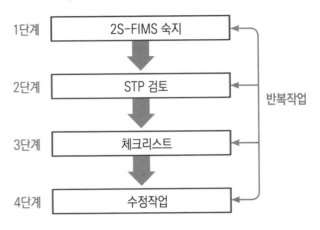

[2S-FIMS 탈고 기술]

1단계	2S-FIMS 숙지
2단계	STP 검토
3단계	체크리스트
4단계	수정작업

반복작업

1단계, 2S-FIMS 기법을 숙지한다.

2S-FIMS 기법에서 2S는 STP와 R-STP를 의미한다. 책을 쓰기 전에 검토한 내용이다. 탈고하기 전에 먼저 특정 독자를 대상으로 책을 쓰게 된 동기와 타깃팅한 독자, 그리고 그들의 어떤 문제를 다룰 것인지를 검토해 왔다. 또한 경쟁도서들의 STP를 분석했다.

FIMS는 경쟁도서와 비교하여 그들의 약점을 보완하고 차별화해야 한다. 책의 내용을 포지셔닝하는 부분에서 스토리텔링에 담겨있는 재미(Fun)와 유용한 정보(Information), 공감(Message)과 포괄적인 해결책(Solution)을 의미한다. 따라서 포지셔닝은 경쟁도서와 비교하여 차별화하는 것을 의미한다. 초기에 독자의 성향을 파악하고 FIMS 기준을 경쟁도서와 비교한 후 어떻게 차별화

할 것인지 검토하는 것이 중요하다. 이러한 검토는 탈고과정의 기준이 된다.

2단계, STP를 검토한다.

책을 쓰기 시작할 때 STP 및 R-STP 분석(경쟁도서 분석)을 진행하였다. 이때 정의한 내용을 다시 한 번 검토한다. 이 내용은 앞으로 쓰게 될 자기소개와 출판기획서, 서문을 작성할 때 반드시 참고할 사항이다.

3단계, 탈고작업용 체크리스트로 검증한다.

[체크리스트]

(1) 목차 검증기법을 활용하여 검증 리스트를 만든다.

　1) 목차 전체를 중심으로 책 제목과 장제목들이 예상독자에게 적합한가

　2) 독자의 니즈와 문제해결 등이 중요도와 우선순위대로 목차에 반영되었는가

　3) 장제목과 소목차는 구성기술을 적용하고 있는가

(2) 소목차별 FIMS 내용을 검토하고 초고 틀을 분석하여 재설계한다

　F: 클라이맥스와 사건 전개 등 독자에게 재미를 제공하고 있는가

　I: 희망이나 꿈, 목표, 니즈 등 독자가 요구하는 정보를 제공하고

있는가

M: 메시지는 주제와 일치하는가, 명확히 전달되는가

S: 독자의 문제에 대한 포괄적인 해결책 혹은 방향제시 등은 명확

히 포함되어 있는가

(3) 전반적인 문단틀 구성은 소목차에 어울리게 잘 배치되었는가

1) 상황설정, 본문 문단, 결론 문단 등 문단 틀 구성 전개 기술은

잘 활용하고 있는가?

2) 4가지 본문 전개기술은 유형별로 잘 활용하고 있는가?

3) 베스트셀러 6단계 기술은 적용하고 있는가?

(4) 문단 내용검증

1) 상황설정 문단: 호기심이나 관심 및 궁금증을 유발하거나 시선

을 끌 수가 있는가

2) 본문 문단: 사례문단 및 생각/의견, 이미지 문단은 매끄럽게 조

화를 이루는가

3) 결론 문단: 독자에게 감동과 공감 혹은 인생에 영향을 미치거나

행동을 하게 만드는 결론 문단을 맺고 있는가

4단계, 수정작업을 한다. 이때 3S(Sharp, Short, Simple) 수정도
같이 진행한다. 글을 쓸 때는 김병완 작가가 강조했듯이 정확하고
단순하며 짧게 써야 한다.

다음은 《4차 산업혁명 시대 지식창업을 하라》의 〈지식과 경험과 강점으로 콘텐츠를 만들어라〉 초고와 탈고 후의 문단틀 재설계 사례이다.

1) 초고 문단 틀 재설계

[초고 문단틀 재설계]

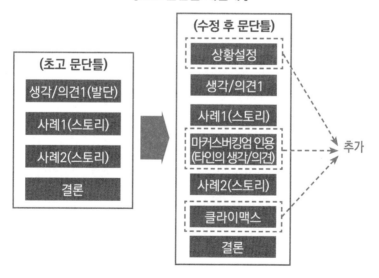

2) 문단구성 검증

a) 상황설정 문단: 호기심이나 관심 및 궁금증을 유발하고 있는가?

- 초고는 상황실정 문단에서 생각이나 의견을 기술했기 때문에 관심도나 호기심 유발에 다소 미흡한 측면이 있음. 탈고 작업 후에는 개인이 금광에서 일하던 경험을 추가하여 흥미와 관심을 유발한다.

b) 본문 문단: 문단 구성방식과 요소들은 적정한가?

- 마커스 버킹엄의 강점발견과 이의 활용을 인용하여 내용에 신뢰성을 부여한다.

- 본문 부문에서 재미 요소가 부족하다. 따라서 베스트셀러 설계 6단계를 적용하여 백부의 고민을 클라이맥스 부분으로 추가하여 극적 효과를 증가시킨다.

- 사례 구조를 다양하게 반영하여 재미를 추가한다.

c) 결론 문단 : 독자에게 감동과 공감 혹은 인생에 영향을 미칠 수 있는 결론 문단을 맺고 있는가?

- 작은 기쁨이라도 자신이 성공했던 순간과 강점을 잘 활용하여 자존감과 자신감을 높이는 것이 중요하다는 깨달음을 잘 전달한다.

- 일상의 작은 관찰과 자기분석을 통하여 이룩한 지식창업이 공감과 감동을 주도록 한다. 따라서 독자들도 기억과 경험을 분석하여 자신의 강점을 발견하거나 이를 활용하도록 하는 메시지와 삶의 지혜를 제공한다.

03 문단내용 검증기술 (사례분석)

다음은 《4차 산업혁명 시대 지식창업을 하라》의 〈지식과 경험과 강점으로 콘텐츠를 만들어라〉 초고와 탈고 후의 문단내용 수정사례이다.

[초고]

지식창업은 자기 내면의 금맥을 찾아내는 일이다. 마음속 어딘가에 박혀 있는 금싸라기 같은 기억 조각들을 꺼내 그것을 녹여 덩어리로 만들고 가공하여 금반지나 금목걸이, 금팔찌 등 가치 있는 액세서리로 재창조한다.

그것은 쉬운 일이 아니다. 기억의 동굴에서 채취한 기억 조각들도 마찬가지다. 그것에 스토리를 입혀 메시지를 담아내면 가치가 있는 콘텐츠가 된다. 고객들은 재미있는 이야기를 원하고 무언가를 깨닫게 해주거나 자신의 인생에 의미가 있는 메시지를 산다. 그것은 지식과 경험이 녹아든 콘텐츠이다. 우리의 인생은 가공되지 않은 돌 속에 박힌 금싸라기들의 소중한 기억들로 가득 차 있다.

40대 중반인 K대표와 상담을 했을 때 그에게선 전혀 금맥을 발견할 수 없었다. 그는 6년가량의 디자인 경력을 가지고 있었고 대학에서 디자인을 전공하기도 했다. 디자인은 도구이다. 가치 있는 기억에 디자인을 입힐 때 그것은 훌륭한 콘텐츠가 될 수 있다. 그와 나는 가치 있는 금맥을 발견하려 노력했다. 그가 진정으로 좋아하는 것이 무엇이고, 하고 싶은 일이 무엇인가? 인생에서 즐거워했던 일은 무엇이고, 사소하더라도 성공해서 그를 행복하게 했던 일은 어떤 것들이 있는지 파악할 수가 없었다.

K대표는 늘 자신의 인생에서 약점과 좌절과 실패만 기억해 냈다. 그는 성공하기 위해서 실패만 생각했고, 행복하기 위해서 불행했던 일만 기억해 냈다. 그는 스스로 강하게 보이기 위하여 약점만 기억하고 보완하려고 노력했기 때문에 열등감에 빠져 있었다. 자신의 인생이 아무리 어렵고 힘들어도 노력하였지만, 성과가 미흡했고, 세운 목표와 계획은 대부분 달성되지 않은 채 포기하기 일쑤였다. 자신의 강점을 보지 못했거나 그것을 활용할 줄 몰랐기 때문이다.

그의 강점은 심미안, 창의성, 감사, 통찰, 인내 등이었다. 그에게 감성은 살아있었다. 감성은 그의 강점이었고, 그의 감성이 반영될 수 있는 디자인 관련 일을 선택한 것도 그 이유였다. 감성을 필요로 하는 디자인 경력이 있다는 것도 자신의 감성이 강점이라는 것도 깨닫지 못했다. 그는 결코 자신이 세운 목표에 인내심을 발휘하지 못했다. 늘 약점을 보완하려 했고 좌절과 실패만 보려 했고 불행과 고통에 익숙해져 있었다. 그는 보는 관점을 혁신적으로 바꾸는 것이 필요했다. 그 자신의 내부에서 행복했던 일, 성공했던 일, 기뻤던 일, 아름답고 즐거웠던 일을 탐구하는 것이 필요했다.

그는 명절 추석 때마다 종갓집인 큰아버지 댁에서 제사를 지내기 위해 고향을 찾았다. 그는 고향과 가을을 좋아했다. 그의 가슴속에는 언젠가 큰아버지 집에 들렀을 때 들었던 귀뚜라미가 계속 울어대고 있었다. 그는 자주 귀뚜라미 사육농장을 찾았다. 그의 백부는 귀뚜라미 사육농장을 하고 있었다. 그는 백부를 자주 찾아가 귀뚜라미에 대해 많은 얘기를 들었다. 귀뚜라미들이 사육 중에 유해한 계란판을 갉아먹는다는 것을 알았다. 식용으로 사육되는 귀뚜라미는 인간에게도 유해할 것이다. 그는 계란판 대신 패드 형태로 귀뚜라미 집을 설계했다. 친자연적인 이미지와 색 배합을 고려하여 귀뚜라미들이 은신처에서 편안함을 느낄 수 있도록 패드 디자인을 했다.

그는 그것을 상품화하고 자신의 닉네임을 '뚜라미의 건강과 감성을 육성하는 전문가'로 설정했다. 그리고 본격적으로 사업을 시작했다. 귀뚜라미의 생태와 습성을 연구하고 그것을 친환경적인 디자인으로 사육환경에 반영했다. 그는 귀뚜라미 전문가가 되었다. 귀뚜라미의 생태에 디자인을 접목시켰다. 그는 출퇴근 시간이나 잠깐 틈이 나는 시간이 되면 자투리 시간을 이용해 자료들을 모아 블로그에 포스팅을 했다. 정보들이 쌓이면 책으로 출산할 계획을 세우고 있었다. 귀뚜라미 사육 농장이 훌륭한 귀농 사업으로 선정되어 많은 은퇴자가 사업에 뛰어들었다. 버려진 폐가들이 리모델링되고 귀뚜라미 울음소리들이 곳곳에 퍼져 울렸다. 사육농가들이 증가하면서 그는 몹시 바빠졌다.

[탈고 후]

20대 초반 낙동강 상류 경북 영주의 깊은 산속에 있는 금광에서 일한 적이 있었다. 우리는 산 하나를 미로의 개미굴처럼 쑤셔 파고, 오랜 기간 바위 속에 숨겨진 금싸라기들을 귀신같이 찾아냈다. 하지만 축축한 바위 속에 검은 띠처럼 박혀있는 금줄은 채 1m 길이도 되지 않았다. 여기저기 작은 덩어리를 이룬 금맥이었다. 돌에 박힌 금의 함량도 적어 상업성도 맞지 않았다. 우리는 계속 다음 금맥을 찾았지만, 여전히 금맥은 짧게 이어졌다가 끊겨 다른 바위 속으로 사라져버렸다. 금돌을 찧는 커다란 금방아는 개울가 옆에서 녹이 슨 채 거대한 고철 덩어리로 변해갔다. 결국 우리는 1년 만에 금광을 포기하고 산에서 내려왔다. 금광 주는 동생이 운영하는 병원을 날린 채, 파산하고 말았다. 그는 일확천금을 꿈꾸고 동생을 설득해 병원을 담보로 은행에서 7억의 돈을 빌렸으나, 모두 금광에 날려 버리고 말았다. 병원은 법원 경매에

압류되었다.

지식창업은 자기 내면의 금맥을 찾아내는 일이다. 마음속 어딘가에 박혀 있는 금싸라기 기억 조각들을 꺼내, 그것을 녹여 덩어리로 만들고 가공하여 금반지나 금목걸이 금팔찌 등 가치 있는 액세서리로 다시 만든다. 그것은 쉬운 일이 아니다. 기억의 동굴에서 채취한 기억 조각들도 마찬가지다. 그것에 스토리를 입혀 메시지를 담아내면 가치가 있는 콘텐츠가 된다. 고객들은 재미있는 이야기를 원하고, 무언가 깨달음을 주거나 자신의 인생에 영향을 주는 메시지를 산다. 그것은 지식과 경험이 녹아든 콘텐츠이다. 우리 인생은 가공되지 않은 돌 속에 박힌 금싸라기들의 소중한 기억들로 가득 차 있다.

40대 중반인 K 대표와 상담을 했을 때, 그에게선 금맥을 전혀 발견할 수 없었다. 그는 6년 정도 디자인 경력을 가지고 있었고 대학에서 디자인을 전공하기도 했다. 디자인은 도구이다. 가치 있는 기억에 디자인을 입힐 때 그것은 훌륭한 콘텐츠가 될 수 있다. 그와 나는 가치 있는 금맥을 발견하려 노력했다. 당시 그가 진정으로 좋아하는 것이 무엇이고 하고 싶은 일이 무엇인지, 인생에서 즐거웠던 일은 무엇이고 그를 행복하게 했던 일은 어떤 것들이 있는지 파악할 수가 없었다. 그에게는 진정 자신을 발견하는 인생 혁명이 필요했다. 마커스 버킹엄은《위대한 나의 발견 강점 혁명》에서 다음과 같이 말한다.

"지난 수 세기 동안 인류는 선은 악의 반대라는 믿음 하에 약점과 실패에 집착해 왔다. 의사들은 건강을 알기 위해 질병을 연구했고, 심리학자들은 기쁨을 알기 위해 슬픔을 연구했다. 오늘날 세계 도처의 학교와 직장에서는 유능한 사람이 되려면 자신의 약점을 발견하여 이를 분석하고 보완하기 위한 노력을 기울여야 한다고 한결같이 가르치고 있다.(중략) 우리가 각자 선택한 분야에서 성공을 거두고, 나아가 그 과정에서 만족감을 얻고자 한다면 스스로의 강점을 발견하고 기술하고 적용하면서 늘 새롭게 다듬는데 전문가가 되어야 한다."

K대표는 늘 자신의 인생에서 약점과 좌절과 실패만 기억해 냈다. 그는 성공하기 위해서 실패만 생각했고, 행복하기 위해서 불행했던 일만 기억해 냈다. 그는 스스로 강하게 보이기 위해 약점만 기억하고 보완하려고 노력했기 때문에 열등감에 빠져 있었다. 자신의 인생이 어렵고 힘들어도 노력하였지만, 성과가 미흡했고, 목표와 계획은 대부분 달성되지 않은 채 포기하기 일쑤였다. 자신의 강점을 보지 못했거나 그것을 활용할 줄 몰랐기 때문이다.

그의 강점은 심미안, 창의성, 감사, 통찰, 인내 등이었다. 그의 감성은 살아있었다. 감성은 그의 강점이었고, 그가 디자인을 선택한 이유였다. 감성을 필요로 하는 디자인 경력이 있다는 것도 디자인 경력이 있다는 것도, 자신의 감성이 강점이라는 것도 깨닫지 못했다. 그는 결코 자신이 세운 목표에 인내심을 발휘하지 못했다. 늘 약점을 보완하려 했고, 좌절과 실패에만 집중했으며 불행과 고통에 익숙해져 있었다. 자신의 관점을 혁신적으로 바꾸는 것이 필요했다. 그 자신의 내부에서 행복했던 일, 성공했던 일, 기뻤던 일, 아름답고 즐거웠던 일을 탐구하는 것이 필요했다.

그는 추석 때마다 제사를 지내기 위해 종갓집인 큰아버지 댁 고향을 찾았다. 어린 시절 추억을 간직하고 있는 고향과 가을을 좋아했다. 큰아버지 집에 들렀을 때 들었던 가을 귀뚜라미 우는소리가 버스를 기다릴 때나 잠깐 음식을 기다릴 때나, 담배를 피우며 커피를 마실 때마다 가슴속에서 울어댔다. 그는 자주 귀뚜라미 사육농장을 찾았다. 백부는 귀뚜라미 사육농장을 하고 있었다.

"은신처로 계란판을 넣어주면, 이놈들이 자꾸 계란판을 갉아먹어 버린단 말이야. 계란 판에는 유해 성분이 있어 안 좋지."

"귀뚜라미들은 식용으로 사육하는 건데 유해한 계란판을 갉아먹는다면 그것을 식용하는 사람들에게 문제는 없나요?"

"아직 문제제기는 안 되고 있지. 그 영향이 밝혀진 것은 없어. 하지만 아무래도 식품으로 활용하니까 소문으로 문제가 터질 수도 있지. 먹는 것에는 아주 과민하게 반응하니까. 이미 그 소문을 들은 일부 고객은 문제제기를 할 조짐이 있어. 문제가 터지면 손해가 엄청날 거야. 그 문제 때문에 요즘 불면증이 왔어. 3억 이상 투자한 사업이야."

귀뚜라미 똥을 치우며 수건으로 이마의 땀을 닦아내는 백부의 어두운 얼굴이 떠올랐다. K 대표의 뇌리에 순간적으로 아이디어가 스쳐 지났다. K 대표는 연구논문들과 인터넷에서 자료들을 찾아 귀뚜라미의 속성과 계란판을 연구했다. 한 달 동안 그는 백부를 위하여 귀뚜라미들의 친환경적인 이미지와 색 배합을 연구했다. 귀뚜라미들의 특성, 생태계 등을 분석하여 은신처에서 편안함을 느낄 수 있도록 패드를 디자인했다.

친환경적인 종이를 사용하여 귀뚜라미들이 편하게 노래를 부를 수 있는 거처를 디자인했다. 그것을 상품화하고 자신의 닉네임을 '뚜라미의 건강과 감성을 육성하는 전문가'로 설정했다. 그리고 본격적으로 사업을 시작했다. 귀뚜라미의 생태와 습성을 연구했다. 귀뚜라미가 좋아할 만한 친환경적인 사육환경을 디자인에 담았다. 그는 귀뚜라미 전문가가 되었다. 귀뚜라미의 생태에 디자인을 접목시켰다. 출퇴근 시간이나 잠깐 틈이 날 때, 자투리 시간을 이용해 자료들을 모아, 블로그에 포스팅을 했다. 정보들이 쌓이면 책으로 출간할 계획을 세우고 있다. 귀뚜라미 사육 농장이 훌륭한 귀농사업으로 선정되어 많은 은퇴자가 사업에 뛰어들었다. 버려진 폐가들이 리모델링되고 귀뚜라미 울음소리들이 곳곳에 울려 퍼졌다. 사육농가들이 증가하면서 그는 몹시 바빠졌다.

06

베스트셀러를 만드는
출판기획과 마케팅전략

01 베스트셀러를 설계하는 출간기획서 작성 기술

　책을 쓰기 위해 책 제목이 정해지고 목차구성이 완성되었다. 본격적으로 초고를 쓰기 전에 다시 한 번 전반적으로 방향을 잡아 줄 내비게이션 지도를 확인하는 것이 중요하다. 출간기획서는 초행길을 찾아가는데 내비게이션 역할을 해줄 지도와 같다. 출간기획서는 자기분석과 STP, 경쟁도서(R-STP) 분석내용을 참고로 작성한다. 책제목(가제)과 저자소개, 기획 의도, 핵심주제와 내용, 예상 독자, 기존 도서들과의 차별성, 홍보 및 판매방법, 출간 이유, 기타 내용으로 구성된다. 이러한 내용이 명확하게 정의되어 있으면 초고의 내용도 기존 도서들과 명확하게 차별화되어 베스트셀러가 될 수 있다.

1. **제목(가제)** : 책 제목을 쓴다. 다시 한 번 세그먼테이션(S)과 타깃팅(T) 내용을 검토한 후 제목이 독자의 시선을 끌어들일 수 있는지 혹은 호기심을 유발할 수 있는지 검토한다.

2. **저자 소개** : 저자가 쓸 책에 대하여 역량과 경험이 있는지, 관련된 전문지식이 있는지 독특한 경험이 있는지를 기술한다. 프로필이 평이하다면 집중해서 기억을 더듬어 보고 특이한 지식이나 경험 등을 끄집어낸다. 반드시 누구나 책을 쓸 역량이 되면 그러한 경력이나 지식이 있다. 단지 그것을 찾아서 만들어 내지 못할 뿐이다. 자기분석 내용을 다시 한 번 검토한다. 이것은 초미니 자서전이다. 표지 날개의 작은 공간 속에 자신의 인생경력을 강렬하고 인상 깊게 표현해야 한다.

3. **기획 의도** : 주로 타깃팅(T)한 내용을 집중 검토해서 기획 의도를 작성한다. 선택한 분야에서 기존 도서와의 차별화 내용을 강조한다. 특히 독자에게 더 많은 가치 혹은 이점을 제공한다면 저자의 기획 의도는 달성할 것이다.

4. **핵심주제와 내용** : 핵심 주제는 책의 제목을 명확하고 구체적으로 풀어서 나타낸다. 핵심 내용은 주로 장 제목이나 중요한 소목차들을 정확하게 설명하면 출판사의 편집자가 이해하기 쉬울 것이다.

5. **예상 독자** : 예상독자를 다시 한 번 세분화하고 확장하여 정확히 규정한다. 세그먼테이션(S)과 타깃팅 분야(T) 및 독자층 확장 내

용을 토대로 예상 독자를 재검토하여 정의한다.(세그먼테이션과 타깃팅 참조)

6. 차별성 : 이미 출간된 책들을 열거한다. 그들의 강점, 단점을 언급한다. 기존 책들이 언급하지 못한 내용을 부각하여 기술한다. 쓸 책의 강점을 구체적으로 기술한다. 예상 독자들이 읽을 포지셔닝(FIMS)의 차별성을 강조한다.

7. 홍보 및 판매방법 : 책 출간 후 저자는 SNS 마케팅을 통하여 책을 홍보할 수 있는 역량과 계획을 보여주어야 한다. 홍보문구를 작성하고 홍보 계획과 강연계획을 설명해야 한다. 카페와 운영 중인 블로그, 페이스북과 인스타그램 등의 홍보방법을 기술하면 좋다.

8. 출간 이유 : 왜 책을 출간하는지에 대한 절실한 이유를 적는다. 특히 예상 독자가 왜 이 책이 필요한지, 이 책을 어떤 이유로 구매해야 하는지, 독자에게 어떤 영향을 줄 것인지를 구체적으로 기술한다.

9. 기타 : 위에서 언급한 요소들 외에 자신을 홍보할 기타 항목을 기술한다. 예를 들면 자신의 인지도 및 이미 출간된 책들 혹은 신문칼럼 연재나 폭넓은 네트워크를 언급할 수 있다. 다음은《4차 산업혁명 시대 지식창업을 하라》를 출판사에 보낼 때 작성한 출간기획서이다.

사례 20 출간기획서 작성 기술

〈출간기획서〉

제목 (부제)	지식과 경험을 돈으로 바꾸는 창업을 하라(처음 원고전송 당시 제목) (무자본 지식창업의 기술)
저자소개	이름 권영석 이메일 kys100@hanmail.net 연락처 032-299-1891, 010-6321-9573 (현) 한성대 융복합교양학부 교수(창업학, 성공학), 벤처경영학 박사 (현) 한국지식콘텐츠창업연구소 대표(연구소장) (현) 서울산업진흥원, 한국정보통신진흥원, 한국콘텐츠진흥원, 대덕 　　연구개발 특구본부 외 10여개 공공기관 창업 심사위원 (전) 성북구 시니어기술창업 센터장 (전) 한성대 시니어창업스쿨총괄운영자 (전) SnC경영컨설팅(주) 수석 컨설턴트 (전) 한진정보통신기술연구소(한진그룹) 선임연구원 (전) LG화학 대리 - 학력 : 한양대 영문학, 서강대 경영학석사, 호서대 벤처대학원 벤처경영학박사
기획의도	- 자신의 지식, 경험, 취미 등을 발굴하여 지식창업을 할 수 있도록 체계적인 　프로세스를 사례중심 스토리 형태로 구성 - 4차 산업혁명 시대에 누구든 전문지식을 활용, 무자본 지식창업으로 생존할 　수 있도록 하는 대비 - 구조조정 및 퇴직자와 은퇴자들 혹은 재직자들을 대상으로 창업을 할 수 있 　도록 체계적인 플랫폼을 흥미 있게 기술 - 직장인이든 주부든 누구나 자신의 지식과 경험으로 무자본 창업할 수 있는 　기법을 설명
핵심주제	자신의 지식과 경험을 수입창출로 연계하고 이를 기반으로 무자본 창업을 하 는 성공사례 및 방법

핵심내용	- 4차 산업혁명 시대에 자신의 지식과 경험을 창의적으로 활용하여 전문적인 분야를 개척하고 이를 수입 창출로 연계하는 방법의 체계적인 이야기 - 자신의 지식과 경험을 수입 창출로 연계하고 이를 기반으로 무자본 창업을 하는 사례 및 방법을 스토리텔링 형태로 흥미 있게 구성 - 직장인들이 창업할 경우 음식점, 프렌차이즈, 게임방 등 자영업 창업을 지양하고 누구든 자신이 가지고 있는 지식과 경험을 활용하여 지식창업을 할 수 있도록 기법제시 - 지식창업을 할 수 있도록 책 쓰기 기법, 콘텐츠 제작기법, 마케팅 및 영업방법으로 SNS 활용기법을 체계적으로 제시함으로써 수입을 배가 시키거나 창업을 할 수 있도록 하는 지침서 - 본인이 시니어 창업 센터장으로서 근무하면서 직장인이든, 주부든, 지식 및 경험을 기반으로 한 무자본 창업의 성공 사례를 기술
예상독자	- 직장의 재직자나 사업자들 혹은 미래에 지식창업을 원하는 사람들 - 직종과 관계없이 자신의 지식과 경험, 취미를 활용하여 추가적인 수입 창출 혹은 창업을 원하는 사람들
차별성	- 이미 출간된 책들은 지식창업에 대한 사례 위주보다는 정보제공 위주로 현장감 및 흥미가 떨어짐 - 무자본 지식창업으로 수입을 창출할 수 있는 구체적인 모델을 이야기 형태로 제시 - 지식과 경험을 기반으로 정부의 창업지원 정책을 활용, 무자본 창업을 할 수 있는 방법 제시 - 관련 분야도서로는 '배움을 돈으로 바꾸는 기술', '제로 창업', '1인 지식창업의 정석' 등
홍보 및 판매방법	[홍보문구] 4차 산업혁명 시대 지식과 경험으로 무자본 창업을 준비하라 [판매 홍보 방법] - 한성대학교 지식창업 강의에 교재로 활용 예정 - 창업 일보에 책 홍보 예정(현재 창업일보에 30회 이상 일부 칼럼 연재 중, 한국경제신문 오피니언 칼럼난에 지식창업으로 기고하여 게재됨) - SNS에 신문연재 홍보 중(카페, 블로그, 페이스북 운영 중) - 성북구 시니어 창업센터에 판매 및 페이스북 등에 홍보 예정 - 2018년 9월 초 본 교재로 지식창업 교양강좌 강의 예정 - 기타 한국창업학회 및 한국 벤처창업학회에 홍보 예정

출간이유	– 구조조정이나 권고사직 혹은 은퇴를 하기 전에 직장에서 무자본으로 지식창업을 준비할 수 있는 방법을 제시함으로써 많은 직장인에게 인기가 있을 것으로 예상함 – 직장에 다니면서도 자신의 지식과 경험으로 추가적인 수입을 창출하거나 미래 퇴직 시에 지식창업을 할 수 있는 방법제시 – 4차 산업혁명 시대에 직장인들이 추구해야 할 지식창업 기법제시 및 지식 창업가로서 준비해야 할 방법에 대한 지침서 – 직장인이든 실업자든 주부든 자신의 지식과 경험으로 무자본 창업을 할 수 있는 방법을 재미있게 제시함으로써 다양한 독자들로부터 관심을 가질 것으로 예상함
기타	– '책 쓰기 기술로 지식창업을 하라' 창업 일보 기획특집 연재 중 (http://www.news33.net/news/articleList.html?sc_sub_section_code=S2N50&view_type=sm) – '지식창업'으로 칼럼연재 (http://www.news33.net/news/articleView.html?idxno=15160) – 창업일보연재소설 게재(폭군상사 김전무의 지식창업성공이야기) (http://www.news33.net/news/articleList.html?sc_sub_section_code=S2N47&view_type=sm) – 저서, 제대군인과 기업가정신(공저, 2016, 도서출판 오름, 중소기업청후원) – 한국경제신문 칼럼게재 '4차 산업혁명시대, 지식창업가가 돼라' (http://news.hankyung.com/article/2018021821061)

02 자기소개서 작성 기술

자기소개서는 초미니 자서전이다. 특히 자신이 이 분야에 책을 쓴 동기를 독특하게 표현하면 눈길을 끌 수 있다. 많은 공간은 아니지만, 스토리텔링 형태로 창의적이고 독특하게 표현할 수 있다. 독자들은 책 제목이 시선을 끌면 그다음에 저자의 프로필을 본다. 책표지 앞날개에 있는 프로필에서 독특하고 열정적인 전문가의 느낌을 받게 되면 독자는 강한 호기심을 가지고 목차들을 훑어본다. 마음에 드는 목차를 골라 페이지를 넘기고 내용을 본다. 그는 마침내 마음속으로 책을 구매하기로 결정한다. 다음 사례를 보자. 무엇이 느껴지는가. 그 느낌을 자기소개서에서도 느낄 수 있도록 작성한다.

사례 21 자기소개서 1:
지은이 신태순, 최규철《나는 자본 없이 먼저 팔고 창업한다》

'창업은 돈을 버는 즐거운 놀이이자, 수행을 할 수 있는 최고의 도구'라고 말하며, 자신을 창업가라기보다는 영성가로 규정한다. 전혀 어울리지 않을 것 같은 창업과 영성, 창업과 명상, 창업과 치유의 연결고리를 발견하여 수많은 글과 영상으로 계속 전파하고 있다. 연세대학교 4학년 재학 중 보험영업을 시작, 학생 신분으로 차가운 영업 현장을 극복하기 위해 영업과 마케팅의 고수들을 찾아다니며 치열한 배움을 추구했다. 번 돈의 대부분을 자기계발과 의식 성장을 위한 투자로 쓰고, 매일 자신의 한계를 뛰어넘기 위한 도전을 하던 중, 무자본 창업 방식을 전파하던 최규철 대표를 만나 ㈜버터플라이 인베스트먼트를 창업했다. 특히 아마존에 기업가의 명상 책을 출간하고, 오프라인에서는 질의응답 위주의 강의를 하며 창업가가 스스로 답을 찾게 하는 코칭을 기반으로 무의식의 변화를 끌어내는 데 집중하는 상담을 한다. 현재도 매년 사회초년생의 연봉 정도의 돈을 벌 수 있는 배움에 투자하며 한국뿐 아니라 해외의 다양한 마케팅 기법을 공부하고, 돈을 만들어내는 기발한 아이디어를 끊임없이 생산하고 코칭을 통해 전수하고 있다. 멜로뮤비챠트 17위에 오른 〈낮져밤이〉를 부른 가수이자, 홍대에서 버스킹을 하며 춤과 노래를 하는 자유로운 영혼의 사업가이다. 저서로는《나는 1주일에

4시간 일하고 1000만 원 번다》, 《해적들의 창업 이야기》가 있다.

무자본 창업 무료 영상 유튜브 채널 bit.ly/zero2be

무자본 창업 정보공유 커뮤니티 bit.ly/navicafe (YES24제공)

사례 22 자기소개서 2:
지은이 권영석 《4차 산업혁명 시대 지식창업을 하라》

창업 및 자기계발 전문가이다.

대학에서 '지식콘텐츠 창업', '능력개발과 성공전략' 등을 강의하고 있다. 고졸 검정고시를 거쳐 한양대학교 영문학과를 졸업하고, 서강대 경영전문대학원에서 석사를, 호서대 벤처대학원에서 벤처 경영학박사 학위를 받았다. 현재 한성대학교 융복합 교양학부 교수이자 한국 지식콘텐츠창업연구소 소장(대표)을 맡고 있으며, 경영 부문 수석컨설턴트로 활약하고 있다. 한국 정보통신진흥원, 서울산업진흥원, 한국 콘텐츠진흥원, 대덕연구개발 특구 지원본부 등 10여 개 공공기관에서 창업심사위원 등을 맡고 있으며 한국벤처창업학회 및 한국창업학회 이사로 활동하고 있다. 성북구(한성대) 시니어기술창업 센터장과 한성대 시니어 창업스쿨 총괄운영자를 역임했으며 LG화학, 한진 그룹의 한진 정보 통신기술연구소 선임연구원, 대구 테크노파크 기업지원단 전문 컨설턴트로 재직했다.

저서로는 공저 《제대군인과 기업가정신》이 있고 한국경제신문 및 창업 일보에 칼럼을 게재하고 있다.

블로그   권영석 교수의 지식창업 이야기
       https://blog.naver.com/kys10003
카 페   지식창업
       http://cafe.naver.com/bookwritingtech
이메일   kys10003@naver.com
연락처   010-6321-9573

03 서문작성 기술

  독자는 소목차 내용을 훑어보고 마지막으로 책의 모든 내용을 파악하기 위해 서문을 본다. 이때는 거의 책을 구매하기로 마음을 정한 상태이므로 서문은 최종 검증단계라고 볼 수 있다. 이 부분은 생산된 제품이 출하되기 전의 최종 품질검증단계와 같다. 따라서 이때는 강하게 이 책을 읽으면 인생에 많은 도움이 될 거라는 뉘앙스를 주는 것이 좋다. 또한 전체 내용을 요약해서 독자가 이 책을 사지 않으면 커다란 손해를 입을 것이라는 암시를 주는 것도 필요하다.

  독자가 책을 선정했다면 해당 독자는 창업이든, 자기계발이든, 사업운영이든, 인간 관계이든 해당 분야에 대하여 커다란 관심이 있기 때문에 실제로 책은 독자의 인생에 많을 영향을 미칠 수 있다. 따라서 저자의 암시와 협박은 애교 있고 아름답기까지 하다. 단돈 1~2만 원에 수십 년 혹은 수년간 저자의 노력과 열정과 비법을 통하여 성공한 사례를 구매하라고 호소하니 얼마나 고마운가! 이러한 문구는 독자들이 간과할까 봐 두서너 줄 앞줄로 빼서 볼드체로 강조하기도 한다. 다음 사례를 보자.

사례23 서문 1:
《나는 자본 없이 먼저 팔고 창업한다》

창업에서의 성공은 아이디어, 자본, 인맥이 풍부하다고 보장되지 않는다!

창업 전에도, 창업 후에도 언제나 세일즈가 먼저다!

세일즈에 대한 오해와 공포, 낡은 프레임을 완벽히 깨부수고,

먼저 매출을 내고 사업을 시작하는 완전히 새로운 창업 패러다임

'세일즈' 혹은 '영업'이라는 단어를 떠올려보라. 그리고 거기서 연상되는 이미지와 감정들을 잠시 느껴보길 바란다. 부정적인 쪽인가? 아니면 긍정적인 쪽인가? 기분 좋은 쪽인가? 아니면 불쾌한 쪽인가? 예측하건데, 아마도 부정적인 느낌에 가까웠을 것이다. 세일즈맨이 방문한다는데 반기는 사람도, 세일즈 부서에 발령이 났다하는데 좋아하는 사람도, 세일즈를 잘한다고 당당히 말하는 사람은 별로 없다.

그런데 사업을 키워가는 데 가장 중요한 것은 무엇인가? 기획도, 인사도, 마케팅도, 재무도 중요하다. 하지만 '세일즈'가 빠질 수 있

는가. 결코 없다. 세일즈를 통해서 매출이 발생해야 나머지 업무가 잘 돌아갈 수 있고, 그 업무들을 통해서 세일즈도 더 잘되는 선순환을 만들지 않겠는가.

만약 당신이 창업을 꿈꾸고 진정한 사업가가 되려면 이제는 '새로운 프레임'을 통해서 세일즈라는 단어를 느껴야 한다. 이 과정을 거치지 않으면 세일즈를 하려고 할 때마다 마음속에서 브레이크가 걸린다. 이 과정을 잘 수행해야 세일즈에 대한 거부감이 줄어들고, 그것이 매출에도 긍정적인 영향을 미치지 않겠는가.(중략)

세일즈에 대한 오해와 공포, 낡은 프레임을 완벽히 깨부수고,

먼저 매출을 내고 사업을 시작하는 완전히 새로운 창업 패러다임 '세일즈프러너십'

이렇게 쌓은 지식을 활용해서 저자는 무자본 창업 노하우를 전파하는 ㈜버터플라이 인베스트먼트를 5년째 키워올 수 있었다. 창업 인큐베이팅을 통해, 연필 한 자루도 팔기 힘들었던 사람이 대중 앞에서 당당히 강의하고, 고가의 상품을 척척 팔아내며, 낮아진 자존감을 단숨에 끌어올리고, 주변에 긍정적 영향력을 전파하는 창업가들이 계속 탄생했다. 그런 모습을 보면서 세일즈 공포를 무의식차원에서 접근하는 동시에, 선 세일즈에 기반하여 창업하는 방식에

대한 확신이 강해졌다. 그러면서 저자는 기업가 정신을 뜻하는 앙트레프레너십entrepreneurship과 세일즈sales를 합친 '세일즈프러너십(salespreneurship)'을 주창하기 시작했다. 다시 말해, '세일즈프러너십은 세일즈를 최우선에 두는 기업가 정신'이다. 혁신하고, 도전하여 선한 영향력을 미치는 사업을 하고 싶다면 세일즈부터 출발해야 함을 강조하고 있는 말이다.(중략)

실제로 당신이 세일즈 프러너십을 통해 얻게 되는 3가지 핵심 가치

첫째, 처음부터 돈을 벌면서 사업을 시작할 수 있다. 버터플라이 인베스트먼트가 주창하는 무자본 창업의 근간이 바로 선 세일즈이다. '돈이 없는데 어떻게 창업을 할 수가 있지' 모두가 의문을 가질 수밖에 없다. 세일즈를 통해서 필요한 돈을 벌어서 사업을 키운다. 돈이 없으면 사업을 할 수 없다는 게 당연하다면 그런 인식을 바꿀 수 있다. 창업하는 분들에게 '세일즈를 먼저 해야 한다.'고 각인시키고, 그것을 당연히 여기게 만드는 게 나의 일이다. 세일즈에 대한 거부감을 줄이는 것부터, 세일즈를 더 세련되게 하고, 세일즈 후속 관리하는 부분까지 모두 해왔다. 이런 내용을 책에서 다루고 있고, 세일즈를 먼저 진행하고 창업하는 사례들도 중간중간 소개한다.

둘째, 망한 체험을 미리 할 수 있게 된다. 무자본 창업을 하는 분들은 선 세일즈를 통해서 자금을 조달해서 최소한의 제품을 만들고 최소한의 서비스부터 구축한다. 그것을 바탕으로 매출을 키우고 그 자금으로 회사도 설립하고, 홈페이지도 만든다. 오로지 세일즈로 매출을 만드는 데 집중하고 번 돈 안에서만 비용을 집행하고, 신용카드는 사용하지 않는다. 이 과정은 사실 파산했다가 다시 사업을 시작하는 사람들이 밟게 되는 길이다.

무자본 창업에 도전하면 망한 상황을 체험해보고 극복하는 노하우를 쌓을 수 있다. 이 과정이 얼마나 견디기 힘들고 외로운지 느끼고, 극복하면서 불가능을 해결해가는 기업가 정신을 기를 수 있다. '세상에 없던 비즈니스 모델', '남들이 혀를 내두르는 실행력', '반짝이는 아이디어의 도출', '세련된 태도와 언어에 기반을 둔 세일즈' 이 모든 것들이 진정한 기업가 정신을 향해가면서 파생된다. 반짝 운이 좋아서 대출도 잘 받고, 투자도 잘 받다가 망하면 더 크게 망한다. 그때는 깨진 그릇을 다시 붙이기가 너무너무 힘들다. 나중에 망하지 않기 위해서 처음부터 망한 연습을 하는 게 무자본 창업이고, 세일즈에 기반을 둔 창업을 하는 것이다. 이 책을 통해 망한 체험을 얼마나 안전하게 할 수 있는지 알게 된다.

셋째, 창업과 인생의 균형을 맞출 수 있게 된다. 워라밸이라는 말이 있다. 워크(일)와 라이프(삶)의 밸런스(조화)라고 한다. 창업해도 인생과의 균형을 맞출 수 있다. 사실 인생이라는 큰 틀 안에 창업은 포함되는 개념이다. 저자는 창업을 통해서 개인의 성장 속도를 높일 수 있고, 수행의 과정으로 삼을 수 있다고 오랜 기간 강조해오고 있다.

창업을 위해서 인생을 포기하거나 인생을 위해서 창업을 포기하는 일은 없어야 한다. 둘은 얼마든지 상생할 수 있다. 그리고 그 균형은 멈춰있지 않고 움직이면서 조정되어야 한다. 저울이 한쪽으로 치우치지 않고, 계속 왔다 갔다 하는 상태, 그 상태도 균형이라는 것을 인지할 때, 창업을 통해서 수행하는 인생을 살 수 있다.

이 책에서는 마음 수행과 창업의 관계에 대해서도 다룬다. 창업과 인생의 균형을 맞출 수 있는 이야기, 세일즈를 통해서 수행에 접목하는 이야기, 고객과 경쟁자를 통해서 수행할 수 있는 이야기를 담고 있다. '대한민국에서 창업과 수행을 연계해서 자신만큼 풀어낼 수 있는 사람은 없다'고 자부할 정도로 매일 공부하고 수행하고 있는 저자이기에 가능하다. 얼마나 자신만만하기에 이런 말을 하는지는 책을 통해 충분히 느낄 수 있을 것이다.(YES24제공)

사례24 서문 2:
《4차 산업혁명 시대 지식창업을 하라》

"지식과 경험은 어떻게 돈이 되는가"

50대 중반이 되었다. 머리도 희끗해지는 만큼 많은 일들을 겪었다. IMF와 금융위기를 겪으면서 책상이 화장실 옆 복도로 옮겨지는 수모도 당했고 권고사직도 당했다. 그때마다 새벽에 일어나 자기계발을 하고 바둥거리며 밤늦게까지 일을 했다. 그렇게 하루하루를 양철지붕위의 고양이처럼 지내다보니, 어느 새 50줄이 되어 자신을 돌아볼 수 있는 시간도 갖게 되었다.

직장생활을 하면서 항상 마음속에 창업을 꿈꾸며 사표를 품고 다녔다. 하지만 자의든 타의든 사직을 하게 되면 창업할 단계에서 창업 아이템과 창업자금의 부족으로 벽에 부딪혔다. 이제 인생 100세 시대이다. 인생 2막은 30대 혹은 40대에 올 수도 있다. 요즈음은 마음만 먹으면 직장인이든 가정주부든 대학생이든 환경미화원이든 직업의 귀천 없이 누구나 자신의 지식과 경험을 활용하여 하고 싶은 일을 할 수가 있다. 단지 콘텐츠로 만들 수 있는 기술을 익히는 것이 필요할 뿐이다. 이 책은 자신의 지식과 기술을 활용, 매력적인 콘텐츠로 만들어 어떻게 창업을 하고 어떻게 홍보하고 브랜딩할 것인가에 대한 해답을 재미있는 사례를 통해 제시하고자 한다.

인생 100세 시대에 창업은 반드시 한 번쯤은 거쳐야 할 인생의 필

수 코스이다. 4년간 시니어 창업 센터장으로 있으면서 수많은 창업자들이 성공할 수 있도록 육성하고 지원했다. 그들 중에 많은 창업가들이 자신의 소중한 지식과 기술, 경험을 활용하여 창업에 성공하는 것을 보아왔다. 하지만 아직도 대다수 직장인들이 퇴직을 하면 불닭이나 피자집 혹은 유명 체인 음식점이나 게임방 등을 운영하다 철새처럼 사라지고 만다. 자신의 지식과 경험으로 무자본 창업을 할 수 있다면 인생의 의미와 커다란 행복을 찾을 수 있을 것이다. 이 책은 각 장마다 그것을 달성하는데 필요한 기술과 방법을 담고 있다.

1장은 왜 지식 창업가가 되는 것이 중요한지, 어떻게 무자본으로 창업할 수 있는지, 직장을 다니면서 어떻게 준비해야 하는지, 언제 지식 창업을 준비해야 하는지에 대한 사례와 방법들이 언급되어 있다. 2~3장은 지식과 경험을 어떻게 가치로 전환하고 이것을 어떻게 돈으로 전환시키는지, 소비자가 아니라 생산자가 되려면 지식과 경험을 어떻게 지식자본으로 만들어야 하는지를 언급하고 있다. 아울러 페이스북 및 SNS를 활용하여 이를 어떻게 브랜딩하고 홍보하는지를 다루고 있다. 4장은 자신의 지식과 경험으로 평생직장을 만들 수 있는 8가지 핵심전략을 담고 있다. 그중에서도 책 쓰기 기술은 가장 중요한 핵심이라고 볼 수 있다. 마지막 5장은 지식창업을 통하여 부를 이룰 수 있는 방법을 다루고 있다. 또한 지식창업을 하는 데 있어 정부의 지원제도 활용 및 지식창업가의 7가지 성공비법을 다루고 있다.

4차 산업혁명 시대이다. 이제 컴퓨터를 넘어 AI, 로봇, 사물 인터넷, 자율 주행차, 블록체인 드론, 5G 등 새로운 기술들이 산업계를 무섭게 잠식하고 있다. 이제 자신의 지식과 기술을 적극적으로 발굴하고, 이를 창업이나 지식 자본으로 활용하는 사람은 생존할 수 있지만 그렇지 못한 사람은 퇴보할 것이다. 4차 산업혁명 시대에 개인의 생존방식은 진정한 '나'를 찾아내는 것이다. 그다음 '나'의 지식과 경험을 기반으로 창업을 하는 것이다. 당연히 이는 무자본 창업이 될 수 있다. 그러한 측면에서 이 책은 적절한 사례와 해답을 제시하고 있다. (YES24 제공)

04 출판사와 제대로 계약하는 기술

마침내 STP 분석과 R-STP 분석을 통하여 책 제목을 정하고 장 제목과 소목차 그리고 문단 틀을 만들어 원고를 작성했다. 2S-FIMS 탈고 과정까지 마쳤다면 이제는 출판사를 찾아서 계약할 단계이다. 전국에는 등록된 출판사 수가 8000여 개에 이른다. 참고로 여러 개의 출판 관련 사이트가 있지만 북임팩트(http://www.bookimpact.com/publisher/)에 들어가면 전국에 있는 출판사에 대한 연락처 홈페이지, 위치 등에 대한 정보를 얻을 수 있다.

대형 출판사들은 자체 홈페이지를 가지고 있어 홈페이지에 있는 사이트에 원고를 투고하면 된다. 이러한 출판사들은 홈페이지에 자기소개서 및 출판기획서 양식, 원고 파일 올리기 등이 자세하게 안내되어 있다. 반면 중소형 출판사들은 출판사의 편집담당자나 대표자의 이메일 아이디를 확인하여 투고하면 된다.

　계약은 중요하다. 그동안의 모든 노력과 고통과 인내를 보상받는 증빙이기 때문이다. 출판사와 계약을 할 경우에 제일 먼저 고려할 요소는 출간 시기와 인세, 선급금, 특약사항 등이다. 계약서의 주의해야 할 항목들을 검토해보자.

사례 25 주의해야할 계약사항

[출간 시기]는 가능한 일정을 앞당기는 것이 좋다. 오랜 시간이 지난 후에 출간하면 트렌드가 지나가거나 관련 도서가 먼저 출간되는 수도 있다.

제5조(원고의 인도와 발행의 기일)

1) 〈갑〉은 (2018) 년 ( )월 ( )일까지 본 저작물의 완전한 원고와 사진, 원도, 원화, 저자, 약력 등을 포함한 원고에 상당한 자료(이하-완전 원고-라 함)를 〈을〉에게 인도한다.

2) 〈을〉은 〈갑〉으로부터 완전 원고를 인도받은 날로부터 ( )개월 이내에 본 저작물을 발행하여야 한다

3) 불가피한 사정이 있거나 향후 출판을 위한 특별한 이유가 있을 때는 〈갑〉과 협의하여 전 2) 항의 기일을 변경할 수 있다.

[증정 부수]는 출판계의 어려운 사정을 들어 출판사가 저자에게 200~500권을 대부분 ( )% 가격에 구매하도록 계약사항에 넣는 경우가 다수 있다. 선인세를 받으면 좋지만 그렇지 못한 경우가 많다. 이때는 가능하면 책 출간 후에 정가대로 자신의 책을 구매해서 지인들에게 선물하는 것도 좋은 방법이다. 서점을 상대로 자신의 책 판매를 홍보할 수 있기 때문이다.

제12조 (증정 부수)

1) 〈을〉은 초판 1쇄의 경우 (10) 부, 개정판과 증보판의 경우 (x) 부를 〈갑〉에게 증정한다.

2) 〈갑〉이 전항의 부수를 초과하여 본 저작물의 복제물이 필요한 경우에는 정가의 (   )%에 해당하는 금액으로 〈을〉로부터 구입할 수 있다.

[인세]는 보통 8~10%의 비율로 계약하는 경우가 많다. 인세비율이 다소 떨어지더라도 출간시기 등 다른 사항들을 챙기는 것이 유리하다.

제13조 (출판권 설정대가)

1) 〈을〉은 〈갑〉에게 정가의 ( )%에 해당하는 금액의 발행부수를 곱한 금액을 출판권 설정대가(사용료)로 지급한다.

2) 출판권 설정 대가는 초판 1쇄의 경우 발행일로부터 ( )일 이내에 지급하고, 마찬가지로 2쇄부터 매 쇄 발행 시 발행일로부터 ( )일 이내에 해당 분을 지급하는 식으로 한다.

3) 본 저작물의 최종 인쇄분에 대한 출판권 설정 대가는 〈갑〉과 〈을〉이 합의한 절판시점의 판매 부수를 기준으로 지급한다.

[선불금]을 받고 책을 출간한다면 좋은 기회를 얻는 것이다. 하지만 선불금도 차후 인세에서 공제한다는 것을 알아야 한다.

제14조 (선불금의 지급)

　1) 〈갑〉은 본 저작물의 원고 집필에 필요한 경우 〈을〉에게 선불
　　금을 요청할 수 있다.

　2) 〈을〉은 〈갑〉의 요청이 있을 경우 선불금으로 (　)원을 계약
　　일로부터 (　)일 이내에 〈갑〉에게 지급한다.

　3) 〈을〉은 초판 1쇄 발행 시 지급할 출판권 설정 대가에서 전항
　　의 선불금을 공제한다.

　4) 〈갑〉이 인도한 본 저작물의 원고가 출판하기에 부적합하거
　　나, 인도시기가 늦어 예정한 제작 날짜에 지장을 초래할 경
　　우 〈을〉은 기 지급한 선금의 환급을 요구할 수 있다. 이런 경
　　우, 본 계약은 해약되는 것으로 한다.

[권리의 제한]출판사는 책의 홍보를 위해 대략 총출판수량의 (　)%는 사용한다.

　제16조 (권리의 제한) 〈을〉은 본 저작물의 (　)%까지는 〈갑〉의 별
도의 허가 없이 본 저작물의 홍보를 위하여 신문, 잡지, 텔레비전 등

에 사용할 수 있다.

[특약사항]은 〈갑〉과 〈을〉간의 별도의 합의사항을 기재한다.

[별도사항의 예]

1. 인쇄정산은 재출판 60일 이후부터 매월 말 판매분 정산하여 "갑"이 지정한 은행으로 익월 16일 송금키로 한다.
2. 홍보와 관련하여 영상 촬영하여 네이버 및 인터넷 신문에 올리며 오프라인 서점에 매대 광고로 진행한다. 또한 매일경제신문에 칼럼도 진행키로 한다.
3. "갑"은 도서출간 후 200부를 정가의 60%에 매입키로 한다. 단계약 후 선불금 100만원을 지급키로 한다.

05 스테디셀러를 만드는 SNS 플랫폼을 구축하라

책이 출간되면 출판사는 블로그나 카페, 혹은 홈페이지를 통해 홍보한다. 일부 출판사의 경우 대형서점과 계약을 하고, 판매대 일부를 자신의 출판사 책들을 진열하는 전용공간으로 활용하기도 한다.

《4차 산업혁명 시대 지식창업을 하라》는 교보문고와 영풍문고 등 대형서점 뿐만 아니라 예스24, 인터파크 도서 등 온라인 서점과 지방의 중견 서점들에도 모두 진열되었다. 중년이 넘은 소년은 며칠 동안 책들을 검색해보며 즐거움을 만끽했다. 혹시 자신이 사는 인천 부평의 대형서점인 싱크빅 문고에도 책이 좋은 자리에 진열되어 있는지 가보았다. 금방 눈에 띌만한 자리에서 자신의 책을 발견할 수 있었다. 상동이나 분당에 사는 친구들도 경인서점이나 중견급 서점의 매대에서 책을 발견하고는 구매한 뒤, 읽은 소감과 함께 소년에게 전화를 주었다.

부평의 싱크빅 문고는 고맙게도 책을 여러 달 진열해놓고 있다. 퇴근 길에 집에 오다가 가끔 서점에 들러 잠깐 그 자리에서 오가는 손님들의 반응이 어떤지 살피기도 했다. 한번은 친구 사이인 두 명의 여성이 와서 그 중 한 명이 책을 들고 목차를 훑어보았다. 소년이 주변에서 서성거리 자 고객이 표지의 사진과 소년을 얼핏 보더니 고개를 갸웃거렸다. 소년 은 곧바로 지식창업에 관심이 있냐고 물어보고. 자신이 저자라고 밝혔 다. 고객은 급관심을 보이더니 자신들은 오늘 엄청난 행운을 누렸다며

[오프라인 매장에 진열된 책]

교보문고 합정점

교보문고 강남점

영풍문고 코엑스점

교보문고 광화점

두 명 모두 책을 사겠으니 그 자리에서 사인을 해달라고 요청했다. 소년은 즐거운 마음으로 사진도 함께 찍고 사인도 해주었다. 이렇게 해서 대여섯 권 정도를 팔았다. 버스를 타고 집으로 돌아오면서 신간이 나올 때마다 서점은 여러 작가를 초대해서 짧게 출간강연회를 여는 것도 책을 판매하는데 좋은 방법이라고 생각했다. 독자의 리뷰 평도 좋았지만 이런 즐거운 기분도 잠시, 책은 생각했던 것처럼 쉽게 많이 팔리지 않았다.

소년은 두 번째 저서지만 P 교수와 K 작가는 책을 다섯 권이나 썼다. 그들은 금쪽같은 시간을 쪼개 마치 수련하듯이 도서관에 파묻혀 관련 전문서적들을 섭렵하고 책을 썼다. 하지만 책들의 생명은 오래가지 않았다. 소년의 책도 똑같은 경로를 밟고 있었다.

"어떻게 베스트셀러를 만들까?"

한 권의 책을 쓴다는 것은 어렵다. 그것은 엄청난 노력과 통찰, 집중과 인내가 필요하다. 또한 많은 경험과 전문지식이 필요하다. 이렇게 힘들게 쓴 책들은 15일 정도 매대에 진열되었다가 어두운 창고 속으로 사라진다. 운이 좋으면 한 달 정도 매대에 진열될 수 있다. 또한 출판사가 역량이 없거나 영업력이 없다면 매대에 전혀 진열도 되지 않은 채, 창고 속에서 운을 다할 수도 있다. 그러나 대부분 판매대에서 책들은 15일을 넘기기가 어렵다.

인터넷 교보문고 온라인 매장에 진열된 책의 위치 및 지역별 매장 재고 현황

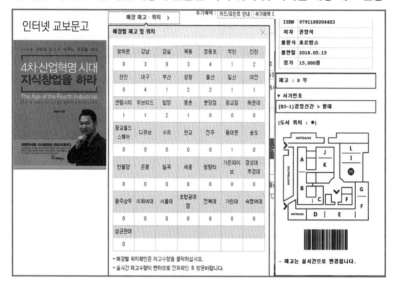

책 쓰기 과정을 들을 때는 책을 한 권 쓰고 나면 억대의 수입도 가능하고, 곧바로 유명인사가 되어 매스컴도 타고 강연 요청도 쇄도할 것처럼 얘기한다. 하지만 그것은 업체의 마케팅 방법이자 수단에 불과하다. 결국에는 자신의 노력이자 자신과의 싸움이다.

다행히도 소년은 50대가 넘어서야 책을 냈다. 책을 사서 본 사람들은 책이 재미있고 의미가 있으며 지식창업을 할 경우에 참고하면 아주 쓸 만한 책이라고 칭찬했다. 하지만 딱 거기까지였다. 더 이상 환경을 바꾸는 아무 일도 일어나지 않는다. 물론 한두 권의 책을 쓴 저자라는 이력은 따라다녔다. 대부분의 작가가 책을 쓸 때에는 그러한 꿈을 품고 열정에 빠져 책을 쓰는데 몰입하지만 출간 되고 나면 그러한 꿈은 산산조각이 나 버리고 만다. 일장춘몽에서 깨는 것이다. 극히 일부가 베스트셀러가 되 어 인생이 바뀌기도 하지만 정말 아주 드문 경우에 해당된다.

소년과 같이 수업을 들은 두 명의 수강생은 제법 베스트셀러 급의 책 을 출간했지만, 출간 후의 변화 없는 일상에 실망했다. 책을 계속 써야만 할까 하고 몹시 고민하는 눈치였다. 그들은 적어도 몇 천만 원씩 투자했 다. 하지만 결과는 몹시 실망스러웠다. 그들은 지인의 소개로 IT분야의 네트워크 사업에 뛰어들었다. 소년도 물론 그들의 소개로 교육에 한 번 참여했지만 그만두고 계속 책을 쓰기로 했다. 유명한 공병호 작가나 구 본형 작가나 지식창업으로 성공한 분들은 적어도 5년 이상~10년을 꾸 준히 책을 내고 노력한 결과이다.

책을 두 세 권 내고 계속 SNS 마케팅을 하고 노력한다면 이러한 기간 은 2~3년으로 줄어들 것이다. 페이스북이나 인스타그램 혹은 블로그나 카페를 통해서 만들어진 네트워크를 통해 강연을 하고 홍보를 한다면 이 러한 기간은 1년으로 줄어들지도 모른다. 하지만 베스트셀러를 쓴 저자 가 아니라면 한권의 책 출간으로는 어렵다. 적어도 직장에 있을 때 혹은 시간이 있을 때마다 몇 권의 책을 출간해서 자신의 브랜드와 인지도를 넓혀야 한다.

오래전에 베스트셀러는 출판사와 독자들에 의해서 만들어진다고 생각 했다. 물론, 카페나 블로그, 유튜브나 페이스북이 없을 때는 가능했다. 하지만 지금은 다르다. 작가의 SNS 마케팅 홍보 활동에 따라서 만들어지는 경향이 크다. 하루에도 동일한 분야에서 수십 종의 책들이 출간된다.

따라서 서사는 베스트셀러를 만들기 위해서는 책을 쓰는 순간부터 SNS 마케팅을 진행해야 한다. 책을 쓰는 순간부터 블로그를 개설하고 칼럼을 쓸 때마다 블로그에 올린다면 작품에 대한 검증도 된다. 또한 책을 쓰는 내내 격려를 받을 수 있고 목표의식이 확실하여 책을 한 권 마칠 때까지 인내와 노력이 발휘된다.

책을 스테디셀러로 만들기 위하여 그림과 같이 SNS 마케팅 활동을 활성화하는 플랫폼 구축이 필요하다. 책을 쓰기로 구상할 단계부터 SNS 플랫폼을 구축해 놓고 이를 체계적으로 운영해야 한다. 플랫폼 구축에 대한 순서를 설명하면 다음과 같다.

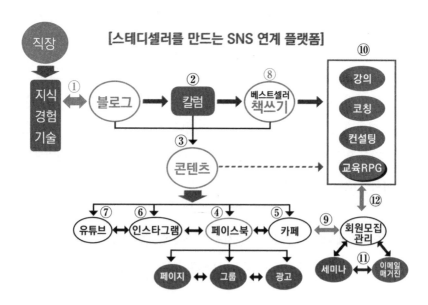

[스테디셀러를 만드는 SNS 연계 플랫폼]

첫째, 블로그를 개설한다. 이때 작성된 책의 제목과 장 제목 순으로 카테고리를 분류한다.

둘째, 블로그에 앞으로 쓸 책과 관련하여 칼럼을 작성하고 게재한다. 이때 칼럼을 신문에 기고하기도 한다.

셋째, 칼럼 글을 이용하여 블로그와 페이스북, 인스타그램에 올릴 콘텐츠를 만든다.

넷째, 콘텐츠를 페이스북과 공유한다. 출간한 책이 있으면 페이스북의 페이지, 그룹, 광고 기능을 이용하여 책을 홍보하고 판다.

다섯째, 콘텐츠를 네이버 카페와 공유한다.

여섯째, 콘텐츠를 인스타그램과 공유한다

일곱째, 카페에 가입한 회원들을 관리한다

여덟째, 칼럼에 모인 글들을 편집하여 책을 낸다.

아홉째, 책 내용으로 강의 교재를 만들어 강연과 코칭, 컨설팅, 교육 프로그램을 개설한다

열째, 세미나와 이메일 매거진을 통해 회원을 모집하고 관리한다

열한 번째, 회원들을 대상으로 책을 팔면서 강연과 코칭, 컨설팅, 교육 프로그램 등을 운영하여 수익을 창출한다

작가는 이제 SNS를 이용한 마케팅의 원리를 알아야 하고 비즈니스맨이 되어야 한다.

강의, 코칭, 컨설팅, 교육 프로그램을 진행하면서 자신의 저서를 홍보하고 팔아야만 한다. 그것은 베스트셀러를 넘어 스테디셀러를 만들 수 있는 방법이다.

책을 써서 성공하려면 혹은 책을 써서 지식 창업가가 되려면 일단 SNS마케팅을 배우고 활용해야 한다. 그렇지 않으면 열정을 불태우며 온갖 지식과 경험과 노력을 투입해서 밤을 새워 쓴 책은 생명이 길지 않다. 적어도 책의 생명을 오래도록 유지하고 자신의 브랜드로 수입을 창출하고자 한다면 SNS 플랫폼을 구축해야 한다.

한 권의 책을 출간하고 자기 혁명이니 운명을 바꾼다느니, 억대의 수입을 창출한다느니, 금방 강의 요청이 쇄도한다느니, 수입이 보장된 1인 창업가가 된다느니, 이러한 말로 현혹하고 싶지 않다. 또한 단지 한 권의 책을 쓰고 작가, 코치, 강연가로 살아가라고 권하거나 유혹하고 싶지 않다. 하지만 그렇게 살고 싶다면 적어도 한 권의 책을 내고 자신이 책을 쓴 분야에 대하여 전문가가 되고 달변가가 되어야 한다. 강연스킬도 쌓아야 하며 교육 프로그램을 만들고 이를 끊임없이 홍보하기 위하여 SNS 마케팅의 전문가가 되어야 한다. 그렇게 한다면 책도 스테디셀러가 되고 지식창업가로서 수입도 창출하여 직업을 바꿀 수도 있다. 어찌 됐든 1년 이상의 계획을 세우고 하나하나 진행한다면 2~3년 만에 달성할 수도 있다.

에필로그

원고를 보내고 단 하루도 지나기 전에 여러 곳의 출판사에서 이메일과 전화가 왔다.

중년의 소년은 마침내 작가가 되었다.

안녕하십니까?

일전에 보내주신 원고는 잘 읽어보았습니다.

작가님께서 제안하신 원고에 대한

출간을 협의하고자 한번 방문 드렸으면 합니다.

작가님께서 시간과 장소를 특정해 주시면

찾아뵙도록 하겠습니다.

감사합니다.

******출판사

안녕하세요. ******출판사입니다.

보내주신 출간기획서와 원고는 잘 읽어 보았습니다.

제목 그대로 저자님의 지식과 경험이 잘 녹아든 원고라고 생각합니다. 경험을 바탕으로 이야기하듯이 쓰셔서 술술 잘 읽히고 이해하기도 편했습니다. 이런 부분이 독자들에게 장점으로 다가갈 수 있을 것으로 판단됩니다.

4차 산업시대에는 창업에 대한 관심이 더욱 높아지고 있습니다. 선생님께서 보내주신 원고는 요즈음 독자들이 많은 관심을 가지고 있는 내용입니다.

조만간 출간협의로 뵈었으면 합니다.

이메일 혹은 전화를 부탁드립니다.

감사합니다.

지구는 '나'를 위해 존재한다. 바다는 '나'를 위해 밀려오고 밀려간다. 새는 '나'를 위해 노래한다. 해는 '나'를 위해 뜨고 진다. 별은

'나'를 위해 뜬다. 모든 아름다운 것과 경이로운 경험은 '나'를 위해 존재한다. 주변을 잘 돌아보라. 그 무엇도 '나' 없이 존재할 수 없다. 지금까지 자신을 어떤 존재라고 생각했든, 이제 '나'는 자신이 진정 누구인지 안다. '나'는 우주의 주인이다. 왕국을 물려받은 후손이다. 생명의 화신이다. '나'의 조상은 '나'를 위해 몇 만 년을 대물림했다.

* 《시크릿》에서 인용

    소년은 끊임없이 꿈을 꾸었다. 형상을 꿈꾸는 '원자의 본능'처럼. 봉제공장에서 재단사의 꿈을, 우물 공에서는 수맥사의 꿈을, 금광에서는 부자의 꿈을, 서점에서는 작가의 꿈을 꾸었다. 이 꿈은 오래도록 변하지 않았다. 중년의 소년은 마침내 작가가 되었다. 그는 작가가 되기를 꿈꾸는 자신과 같은 사람들에게 꿈의 실현을 돕기 위해 이 책을 썼다.

한국지식콘텐츠창업연구소(KKCSI) 교육 프로그램 안내

한국지식콘텐츠창업연구소(Korea Knowledge Content Start-up Institute, KCSI)는 자신이 가지고 있는 지식과 경험, 기술을 콘텐츠화하여 지식창업 및 미래창업을 도와주는 연구소로서 〈책쓰기 기술〉 및 〈지식창업〉 강좌를 개발, 교육하고 있으며, 직장인을 대상으로 〈행복한 직장생활 설계하기〉, 〈은퇴준비 무자본 1인 지식창업〉, 〈행복한 인생 2막 설계하기〉 등을 코칭/컨설팅하고 있습니다.

[책쓰기 과정] - 10주 과정(총 30 시간)

주	교육내용	시간
상담	커리어 분석 및 강점분석/상담(자기분석)	3H
1	지식창업가 설계 및 행복한 직장생활(은퇴) 설계하기	3H
2	책 제목 설정하기(장르 및 주제선정)	3H
3	장목차 설정(장목차 만들기/경쟁도서 분석기법)	3H
4	소목차 만들기 (소목차 만들기 기법)	3H
5	초고(샘플) 문단틀 기획하기	3H
6	문단(서론/본론/결론) 내용 작성하기	3H
7	결론 작성하기 및 샘플원고 수정	3H
8	탈고 방법 및 출판사에 원고 피칭하기	3H
9	출판 계약하기/홍보방법	3H

코칭 및 교육문의 한국지식콘텐츠창업연구소(KCSI)
전 화   KCSI 연구소(한성대학교), 02-760-4071
         HP : 010-6321-9573,
이메일 kys10003@naver.com
블로그 https://blog.naver.com/kys10003
카 페 http://cafe.naver.com/bookwritingtech

참고문헌

참고문헌

권영석, 《4차 산업혁명시대 지식창업을 하라》, 도서출판 프로방스, 2018.

기시미 이치로, 고가 후미타케, 《미움받을 용기》, 인플루엔셜, 전경아역, 2014.

김난도, 《아프니까 청춘이다》, 쌤앤파커스, 2010.

김병완, 《책쓰기학교 인생을 바꾸다》, 씽크북, 2017.

    , 《김병완의 책쓰기 혁명》, 아템포, 2014.

김태광, 《나는 직장에 다니면서 1인 창업을 시작했다》, 추월차선, 2016.

    , 《작가노트》, 강의노트, 2017.

도서출판 프로방스, 〈출판계약서〉, 2018.

돈 리처드 리소, 리스 허드슨, 《에니어그램의 지혜》, 주)한문화 멀티미디어,
                 주혜명역, 2000.

로버트 기요사키, 《부자아빠 가난한 아빠》, 민음인, 안진환역, 2012.

론다 번, 《시크릿》, 살림Biz, 김우열역, 2007.

류랑도, 《우리가 꿈꾸는 회사》, 쌤앤파커스, 2012.

리처드 도킨스, 《지상최대의 쇼》, 김영사, 김명남역, 2009.

         , 《현실, 그 가슴뛰는 마법》, 김영사, 김명남역, 2012.

마루야마 무쿠, 《스토리텔링 7단계》, 토트출판사, 한은미역, 2015.

마커스 버킹엄, 《강점에 집중하라》, 21세기북스, 한근태역, 2009.

마틴 셀리그만, 《긍정심리학》, 물푸레, 김인자역, 2014.

무라타 사야카, 《편의점인간》, 살림출판사, 김석희역, 2016.

문요한, 《굿바이, 게으름》, 더난출판사, 2007.

박준기, 김도욱, 박용범, 《지식창업가》, 쌤앤파커스, 2016.

박정원, 《영어천재가 된 홍대리》, 다산라이프, 2012.

박지은, 《SNS와 블로그만들기로 풀어가는 이커머스》, 강의자료

베르나르 베르베르, 《고양이1》, 열린책들, 전미연역, 2018.

               , 《개미》, 열린책들, 이세욱역, 2001.

베셀 반 데어 콜크, 《몸은 기억한다》, 을유문화사, 제효영역, 2016.

송숙희, 《책쓰기의 모든것》, 인더북스, 2016.

      , 《고객을 유혹하는 마케팅 글쓰기》, 대림북스, 2012.

      , 《당신의 책을 가져라》, 국일미디어, 2017.

      , 《글쓰기가 진짜 스펙이다》, 대림북스, 2016.

신경숙, 《엄마를 부탁해》, 창비, 2008.

신윤순, 《세일즈 천재가 된 홍대리》, 다산라이프, 2012.

신태순, 최규철, 《나는 자본없이 먼저 팔고 창업한다》, 나비의 활주로 2018.

앤서니라빈스, 《네 안의 잠든 거인을 깨워라》, 《거인의 힘 무한능력》, 씨앗을 뿌리는 사람들, 2008.

엠제이 드마코, 《부의 추월차선》, 토트, 2013.

요시에 마사루, 기타노 데쓰마사, 《제로창업》, 이노다임북스, 김광석역, 2010.

월터 아이작슨, 《스티브 잡스》, 민음사, 안진환, 2011.

유발 하라리, 《사피엔스》, 김영사, 2015.

윤홍균, 《자존감수업》, 심플라이프, 2009.

이노우에 히로유키, 《배움을 돈으로 바꾸는 기술》, 예문, 박연정역, 2014.

이민아, 《지금 알려줄게요 미국대학원》, 푸른들녘, 2017.

이상민, 《책쓰기의 정석》, 라의눈, 2017.

이선영, 《1인 창업이 답이다》, 칼라북스, 2015.

이종근,《페이스북 광고 & 타겟마케팅》, 리텍콘텐츠, 2017.

이종근 외,《4주의 기적 페이스북 마케팅》, 경향BP, 2017.

이종서,《출근하지 않고 퇴근하지 않는 1인 지식창업》, 가나북스, 2017.

이지성,《꿈꾸는 다락방》, 차이정원, 2017.

인묘환, 권영석, 김정식, 최민정, 손희철,《제대군인과 기업가정신》, 도서출판 오름, 2016.

임동권,《10년 안에 꼬마빌딩 한채 갖기》, 매일경제신문사, 2017.

임마누엘 페스트라이쉬,《한국인만 모르는 다른 대한민국》, 21세기북스 , 2013.

임원화,《한권으로 끝내는 책쓰기 특강》, 추월차선, 2016.

장재진,《아이의 언어능력》, 카시오페아, 2017.

장진우,《지식을 돈으로 바꾸는 기술》, 함께북스, 2017.

잭 캔필드, 마크 빅터 한센,《마음을 열어주는 101가지 이야기》, 인빅투스, 2012.

조영석,《이젠, 책쓰기이다》, 라온북, 2017.

존 카밧진,《명상과 자기치유》, 학지사, 장현갑, 김교현, 김정호역, 2017.

천재교육,〈문단이란〉, http://www.chunjae.co.kr,

최정훈,《1인 지식창업의 정석》, 위닝북스, 2017.

패트릭 M. 렌시오니,《팀이 빠지기 쉬운 5가지 함정》, 위즈덤하우스, 2007.

하완,《하마터면 열심히 살뻔했다》, 웅진지식하우스, 2018.

허지영,《하루 10분 책쓰기 수업》, 위닝북스, 2017.

헤르만 헤세,《페터 카멘진드》, 민음사, 여석주역, 1997.

혜민,《멈추면, 비로소 보이는 것들》, 수오서재, 2017.

재미있고 읽기 쉬운 사례 중심의
베스트셀러 책쓰기 기술

초판인쇄 2018년 12월 10일
초판발행 2018년 12월 15일

지은이 권영석
발행인 조현수
펴낸곳 도서출판 더로드
마케팅 최관호 최문섭
IT 팀장 신성웅
편집 TYPIWORKS
디자인 TYPIWORKS

주소 경기도 고양시 일산동구 백석2동 1301-2
          넥스빌오피스텔 704호
전화 031-925-5366~7
팩스 031-925-5368
이메일 provence70@naver.com
등록번호 제2016-000126호
등록 2016년 06월 23일
ISBN 979-11-6338-012-2 (13190)

정가 18,000원